卒婚《そつこん》

——これからの結婚のカタチ

杉山由美子
Yumiko Sugiyama

出版芸術社

はじめに

厚生労働省の人口動態統計によると、2018年の総離婚件数は20万8333組でした。総離婚件数は2002年をピークに減少していますが、同居期間20～25年の夫婦の離婚件数はほぼ横ばいで、1万7125組となっています。

パートナーに対する不満を抱えながらも、子育てを終えるまでは我慢し、子供が巣立ったら離婚に踏み切るという夫婦が一定数いると読み取れます。

一方で、子育て後は2人でクルーズ船旅行を楽しむ、キャンピングカーで全国の名所旧跡を巡るなど、老後に向けて新たに絆を深めていく夫婦も増えています。

そんななか、ひとつの選択として登場したのが「卒婚」という夫婦の形態です。婚姻関係はそのままで、これまでの夫婦生活を一旦解消し、ゆるやかなパートナーシップを結びながら、それぞれが新しい形で自由に自分の人生を楽しむ、というスタイルです。

2004年発行の『卒婚のススメ』で杉山由美子さんが命名した「卒婚」という言葉は、

Ｗｅｂの記事や芸能人のコメント、ＴＶ番組の特集などにより、たびたび注目されています。

本書の内容は著者が取材した時のままのものを掲載しています。肩書、仕事なども変更していません。離婚か継続か、白か黒かという二者択一以外の選択肢があることに今一度気づき、心を軽く夫婦を続けるきっかけとしてもらえればと思います。

（編集部）

卒婚　―これからの結婚のカタチ　目次

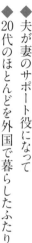

編集・制作／アーク・コミュニケーションズ
本文イラスト／かたおかともこ

プロローグ

「このまま結婚生活を続けたいと思っているのか、そうでないのか？」

そう思ったことのない中年期の女性ははたしているのだろうか。多くの女性はそう自分に問いかけながら、その思いを封じ込め、日々をやり過ごしていく。

だが、なかには勇気をもって、その問いを行動に移す人もいる。『海辺のレッスン』の著者ジョーン・アンダーソンのように。51歳のジョーンは、アメリカのケープコッドの海辺にひとり、「わたしの人生の意味って何なのだろう」と探すために、子どもたちと過ごした場所にやってきた。

夫は遠くで新しい仕事をはじめ、父は亡くなり、母には痴呆がでてきて、息子たちは巣立ってしまった。

ジョーンのプロフィールに共感するひとは多いのではないだろうか。とくにこれまでの

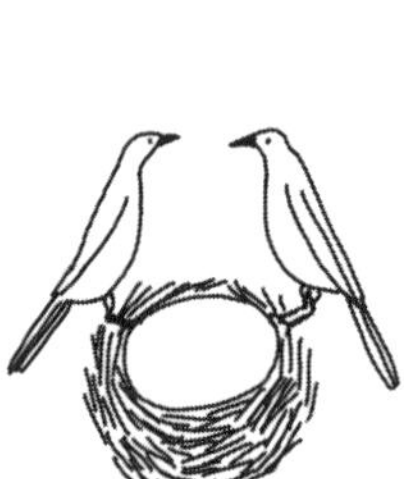

Prologue

人生を充実させてきたとひそかに自負するひとは。

ミッドライフ・クライシス、中年の危機はだれにでも訪れる。

いま「卒婚」という言葉が、ひとびとのこころを捉えているらしい。結婚でもなく、離婚でもない、夫婦のかたち。

結婚を卒業する。

それはともすると重しのようにのしかかってくる結婚をはねのけて、自分らしく生きるひとたちの姿。卒婚には五月の爽《さわ》やかな風が吹き抜けてくるような響きがある。

わたしも「卒婚」ということばに救いを感じた。互いに縛り合うことも、もたれかかることもなく、すっくと立つ樹のようにありたいと思っていたのに、いつのまにか家族にからめとられていた。

中年以降の結婚の時間はとても長くなってしまった。子どもが育ちあがったあとも、夫婦の時間はたっぷりとある。

ふたたび訪れた自由な時間。こころ広がる。でもそんなふうにいきいきと過ごすことができるのか。

いやそれより以前に、中年期の女性は疲れきってしまう。子どもは思春期にさしかかり、親から独立しようとけんめいにはばたこうというとき、もう幼いころのように親にまとわりつくこともなく友だちとの時間を優先するようになる。そしてあんなにもまとわりついていた子どもは、敵愾《てきがい》心にみちたまなざしで反抗心をあらわにする。もうあなたはいなくていい。そんな態度に立ち向かっていると、これまでの子育て中の充実感はいきなり空虚になる。

「わたしはいったい何をしているのだろう」

もう一度、自分に向かい合わなければならなくなるのだ。

そしてそれまで二人三脚で子育てを助け合ってきたはずのパートナーも、見知らぬひとのように感じられる。

その風穴をあけるのが卒婚なのだ。卒婚は、それまでの緊密な家族から、ひとりひとりがちがうことを理解し、ちがうことに興味をもち、ちがうことを考えていることを認め合う。いつもいっしょではない。はなれて暮らしてもいい。ちがう場所を旅してもいい。でも家族だから、支え合っている。そういう持続可能なかたちの卒婚を探究したのが本書である。

1950年代前半生まれのわたしが40代後半にさしかかったとき、「これがそうなのか」と、まじまじと自分の気持ちをのぞき込むような心境になった。

平坦でなだらかで陽光のあふれている道から、いきなり落とし穴にはまったのだ。わたしには2歳ちがいのふたりの娘がいるが、ふたりともなんとか順調に育っているように見えた。まだ10代だから、社会的な成人には時間がかかるけれど、赤ちゃん時代のようにはわたしを必要としていない。その事実にうろたえた。フリーランスライターとして仕事をしているけれど、子育てに全力投球だったから肩の力がスーッと抜けた。そうなると、もはやわたしは生きている意味がないようなあやふやな気持ちに陥った。

仕事より子育てを優先してきたつもりだったが、いつのまにか子育てと仕事をまわすだけで精いっぱいになっていた。ゆとりを持ってフリーランスライターをしていたつもりだったのに、心身に負荷がかかりすぎてバーンアウトしてしまったらしい。

わたしは空っぽだった。だいじにしていた仕事も、経済的自立と生活費捻出が目的になっていた。わたしは自分が何を食べたいのか、何が欲しいのか、どこに行きたいのかもわからなくて、したいことすら何もないことに気づいた。

それまで、しなければならないことをリストアップし、それを片っ端からこなすことだけに心を砕いて走り通していた疲れが、どっと噴き出した。

そしてそれまで子育てを二輪車の両輪のようにいっしょにしてきたはずのパートナーが、いきなり見知らぬひとになった。

会話しても会話しても噛《か》み合わない。憤りと皮肉とののしり合いと、これまで交わしたことのないような怒りの言葉が互いの口からついて出た。

とくにわたしを茫然とさせたのは、お金に対するふたりの考え方の相違だった。経済的自立にこだわりすぎていたわたしには、皮肉にもパートナーとお金のことについて話し合う習慣がまったくなかった。

なんとなく出せるほうが出せばいいという、なあなあでやってきた。出産するまで、事実婚だったから、よけいお互いの経済状況に干渉しないやり方が確立されてしまった。

これはその後出産して入籍しても、おおよそのところは変化しなかった。それより今日だれが夕食を作るのか、皿を洗うのはだれかでもめていた。子どもが泣いた、よく食べた、友達と喧嘩《けんか》したなどなど、話すことは山ほどあった。

わたしが子育てに突入したとき、時代は好景気であった。

下の娘が1歳のとき、会社員をやめてフリーランスライターになったわたしにも、翻訳家のパートナーにも、仕事は途切れることなくあった。

わたしはフリーランスになって程なく念願の「自分の本」を出版することもできた。リビングの片隅で仕事をするというホームオフィスふうのワークスタイルは、子育てするのにも都合がよく、人づき合いが苦手なわたしに合っていた。

しかし子どもが中学、高校に通うようになったころに日本は先の見えない不景気になった。わたしも、そうは言わなかったけれどパートナーも、仕事は先細りしていった。その不安で夜も眠れない程だったのに、わたしは話し合おうとしなかった。

それがあるとき話し合ったらどうだろう。泥沼はそこから始まった。

そして、話はこれまで心の奥深くにしまい込まれ、記憶の底に沈めていたものを互いにこれでもかこれでもかと取り出して見せたのだった。出会ったころからのすれちがいにはじまり、それまでの相手に対する不満が一挙に噴き出したのだった。

それはパートナーも同じだった。自分は悪くないとパートナーは頑《かたく》なに言い張り、わたしを罵《ののし》るのだった。

これほど愛されていなかったのか。これほど憎まれていたのか。これほどわたしたちは理解し合っていなかったのか。そのことに傷ついて声も出なかった。


結婚制度について、わたしは複雑な気持ちを抱いている。夫婦別姓、事実婚をそういう言葉がないときから実践してきた。それも胸を張ってというより、おずおずとまわりの反応をうかがいながら。事実婚は、30年前は理解されにくかった。小心なわたしはまわりに事実婚をしていることをひた隠しにしようとしたり、言い繕《つくろ》ったり、あいまいにごまかしたりしていた。だから子どもを産むことにためらいがあった。事実婚のまま産むことは怖かった。

ではパートナーはどうだったか。今になるとわたしに引きずられてという意識が強かっ

Prologue

たのではないか。そのときから齟齬《そご》はあったのだ。

そしてわたしはシングルマザーで産むと決意したのに、出産して3日目に入籍。パートナーがわたしの姓になった。なぜそうしたのか、その真意も突き詰めなかった。パートナーは「父になる」と言い、「ペンネームで生きる」と言ったので、わたしは安堵したのに「そう」とうなずいただけだった。

わたしがこだわったのが、経済的自立と家事育児の分担だった。わたしはすべてに平等の関係を夢見ていたのである。

そのこだわりのまま忠実すぎるくらい忠実に実践した。

それが子育て中もつづいた。けれど、赤ちゃんを育てるという共同作業のなかで、わたしたちは比較的うまく家事分担をこなすことができた。わたしもパートナーも赤ちゃんに夢中だった。

しかし、経済的な面についてはそのままだった。子どもが大きくなり、さほど親の手を必要としなくなったとき、沈められていた火種がふたたび表面化した。

わたしの友人や愛読していた子育てエッセイの名手である詩人の伊藤比呂美さんや作家

の森まゆみさんが次々あっさり離婚していった。あれほど家事や子育てを手を携えてやってきたはずのカップルの、その緊密さのどこにほころびがあったのだろうか。

次はわたしたちの番かという気もした。

ちょうどそのとき、近くのマンションをパートナーが仕事場に購入した。そのマンションにパートナーだけが寝泊まりするようになった。高校受験を控えた長女が宣言した。

「受験が終わったらこの部屋をわたしのものにする」

仕事場の2DKの一室を自分のものにすると言う。それまで娘たちはひと部屋をふたりでシェアしていたので、受験期には深夜リビングで勉強させていて、諍《いさか》いをたっぷり聞かせてしまったことにうしろめたさがあったわたしは、長女の無茶な申し出をふと了承してしまった。

「じゃあ、この部屋はわたしのだね」

すかさず次女がそう言った。次女も自分ひとりの部屋を欲しがっていたことに、うかつにもそれまで気づかなかった。ふたりとも着々と独立に向けて成長していた。こうしてなし崩しに変則的別居が始まった。パートナーと長女が近くの仕事部屋のマンションに住み、わたしと次女がそれまで通りのマンションに住むことになった。歩いて3分程とはいえ、こんなバカげた別居をわたしはとうてい容認することができなかった。

こうして子育て期中、夜7時にはパートナーが仕事場から帰って夕食を作り、わたしも仕事を切りあげ掃除洗濯をし、家族4人食卓を囲むという共働きの理想のような生活は一瞬にして瓦解《がかい》した。夏には長期休暇を取って南の島で過ごす習慣も長女が中学生になってクラブ活動が始まると消えた。家族はバラバラになってしまったのである。

わたしはひとりで旅に出るようになった。

わたしの頭のなかは混乱して、パートナーに対する呪いに満ちていた。わたしが必死になって築きあげたものをなくしたのはお前だという憤りに苦しんでいた。

「しばらく別れたら」

と言ったのは、わたしでもパートナーでもなく長女だった。

そしてわたしは中年期にさしかかったカップルを取材するようになった。

みんなこの時期をどのように乗り越えているのだろうか。じっさい何を考えているのか聞いてみたいと切実に思ったのである。

わたしたち中高年世代は、突出した女性はシングルを貫いたり、敢然と離婚したりしているが、じつは驚く程の高率で結婚している。ほんのひとにぎりのシングルが、マスコミにもてはやされ、華々しい活躍をしたのである。

結婚率は90パーセント以上。しかも20代前半で結婚して、結婚すると専業主婦になって子どもをふたりか三人産むという画一的なライフスタイルだった。その夫たちである団塊世代の男たちの突出した部分は、学生運動に走ったり、自由な生き方を求めたが、たいていは企業に入って終身雇用制度のなかで生きてきたのと呼応していた。

多分、現在の中高年の夫婦は史上まれにみる程、長い婚姻生活をつづけることになるだろうと、取材したわたしは感じた。夫たちが、まれにみる日本型経営の終身雇用を生き抜いたように。だが、その後半戦の夫婦のあり方はまだ見えてこない。

取材して、わたしを安心させ、そしてがく然としたのは、20年近くも夫婦でいるひとたちはたいていうまくいっていないのだった。

それをなんとか我慢して、やりすごしている。もうケンカさえしない。相手はそういうものだとあきらめているのだ。

うまくいかない結婚は離婚しかないのだろうか。

しかし、同世代の多くのひとは離婚しないだろうというのも取材した感触だった。

熟年離婚はふえるだろうが、せいぜい10パーセントくらいではないか。結婚するまで職歴が短く、扶養の範囲内で働いてきた妻たちは、離婚しても自立できる程の経済的基盤がない。年金制度が改正になり、離婚しても年金を受け取る権利があるようになったらいくぶん離婚がふえるとしても、半数が離婚するようになるとは思えない。

中高年世代は、子どもの成人が遅れていてまだ親であり、しかも高齢社会で親が生きているので息子や娘でもある。しがらみは多い。それをすべて振り捨てるのは、よほど夫が耐えがたい場合だけである。

「ひとにはすすめられません」

49歳で当時、専業主婦。それこそ無一物で離婚したひとが言った言葉が印象的だった。60歳でケアマネージャーをしているそのひとは、それまで転職を何回かしたり、現在もダブルワークをしてなんとか自立できたのだ。ようやくゆとりができて、子どもたちとの仲も復活したので、孫も遊びに来られるような広めの公団賃貸マンションに越した。充実してはいるが、裕福な暮らしとは言えない。

こういうことはだれもができるわけではない。相当の勇気と実行力がいる。

多くのひとは、むしろグズグズと不透明な家庭内別居を選んでいた。過半数より多めくらいの感触で、仲のよくない中高年夫婦が多いのだった。

わたしは相続の争いや、うつ病、借金をかかえたカップルも取材したが、驚いたのは、借金や相続などのもめ事があったから夫婦仲が悪くなったのではなくて、もともと夫婦仲が悪いから、そういうトラブルが発生するというパラドックスだった。

それまで降り積もったものが、借金やうつ病などになって表面化するのだ。そしてそういう夫婦に限って、内面まで話し合ったことなどないのだ。

夫婦の積もり積もった不信感の原因には「お金」にまつわることが多かった。夫が吝嗇《りんしょく》であるということは、妻を疑り深くする。お金を夫婦でオープンにせずに、ひとり占めしているとか勝手に使ってるとかケチであると妻に思われた夫は、結局よそよそしくなるというかたちで妻に復讐《ふくしゅう》されている。

それでも中高年の夫婦は、それぞれさまざまな問題をかかえながら、なんとか体裁をたもち、それほど仲よくないのに結婚を継続させているのだった。

そして少数ながら、夫婦仲を回復したひともいた。うつ病になり家族も本人も苦しみ抜いたすえに、それまでの自分の頑なさに気づいたり、パートナーのやさしさに触れることで、心の平安を取り戻していった話はわたしを感動させた。

みな、なんとかいい夫婦になりたいと願っているのだった。その願いが踏みにじられ、無視されたとき、離婚するか、病気になるか、借金などのトラブルをかかえるのだ。

離婚するのはたやすくない。その後もたいへんである。

そして多くのひとは、結婚にやすらぎとおだやかさと思いやりを求めていた。後半生になってパートナーとの仲がいいひとは幸せそうだった。

だが、その願いはなかなかかなえられないのもほんとうである。

ではどうやって、後半生の結婚を支えたらいいのだろうか。

この本では「卒婚」という言葉を足がかりにして、後半生の夫婦生活をサバイバルさせようとしたひとたちを取材した。

別居したり、夫と妻の役割を交代したり、さまざまなやり方で、自分たちなりの後半生の充実を実現しようと試みているひとたちである。

子育て後の夫婦はもっと自由であってもいい。

互いに縛り合うのではなく、それぞれが自由にやりたいことをやる。しかしゆるやかなパートナーシップを維持して、まわりの人間をあたたかく包み込むような関係を築くことができればすばらしい。

二者択一の、離婚か継続かというのではなく、あいまいで、少しいい加減で、互いを束縛しない関係を、ふつうのカップルは望んでいるのではないか。わたしもそうだが、これまで築いてきたものをすべて崩壊させてしまうのにはためらいがある。

わたしの目に映った「後半生の結婚をソフトに変えていって、自分たちの身の丈に合ったライフスタイルにした」ひとたちにお話をうかがった。

それはわたしが自分自身の結婚と、自分たちの世代の結婚のあり方を見つめ直す旅でもあった。

（本文の内容は取材時のままです。肩書、仕事なども変えていません。）

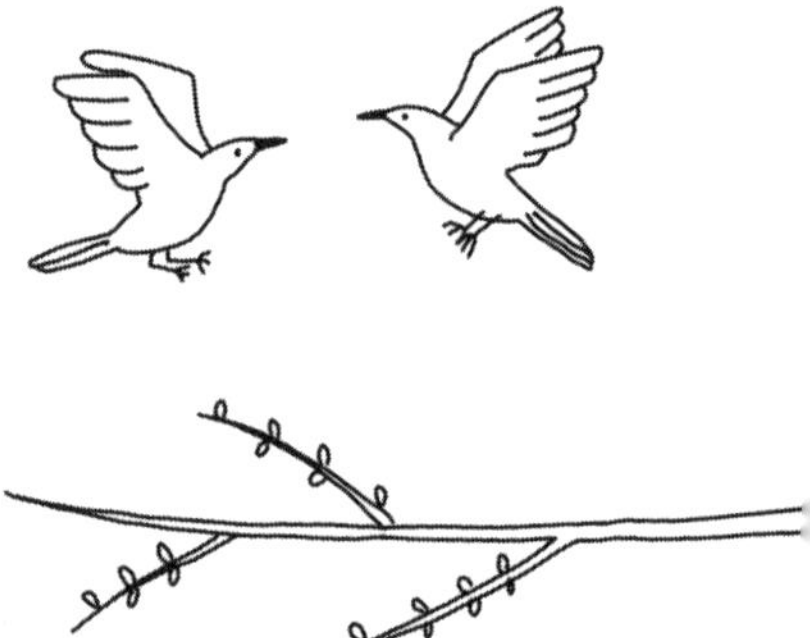

Story 1

夫は東京で大学教授、妻は金沢で議員の、積極的別居結婚

お話をうかがったカップル

広岡たつみさん（妻）
1952年生まれ。専業主婦、フリーランスライター、ミニコミ誌主宰などをへて、1999年に石川県議会議員に初当選、3期務める。金沢在住。

広岡守穂さん（夫）
1951年生まれ。中央大学教授。NPO推進ネット理事長（現在顧問）。1990年出版の『男だって子育て』（岩波新書）で家事育児をする男性として、一躍有名に。現在は次女、3女、次男と都内に暮らす。

ふたりの間には男、女、女、女、男の5人の子どもがいる。

『男だって子育て』の先駆者の思いがけない別居結婚

5人の子持ちで『男だって子育て』を書いて、男の子育ての先駆けだった中央大学教授の広岡守穂さんとたつみさん夫婦が別居している？

2001年に上梓《じょうし》された守穂さんのエッセー『父親であることは哀しくも面白い』の一節に、目がくぎづけになった。意外だった。

5人いる子どものうち長男長女は独立したとしても、末っ子をふくめた下の3人はまだ家にいる年齢である。しかも、たつみさんの仕事が理由で別居ということに軽い驚きがあった。専業主婦だったはず？　いったいどんな仕事を始めたのだろうか。

『父親であることは哀しくも面白い』のなかで長女のことが印象的に書かれていた。父親の思惑とはちがって農業を志し、ひとり地方の村に住みついて畑を借りて農耕する長女への、戸惑いと不安と愛情と共感がつづられていた。

そもそも地方大学の農薬科を専攻したところから、じつにたくましいと肯定しながら、子どもが独立していくことへのさみしさもそこはかとなく読み取れた。

1990年に『男だって子育て』が岩波新書から出たとき、とても新鮮だった。1951年生まれの大学教授で5人の子持ちの男性が家事育児に参加するというアピールが、心に響いた。そういう男性が待望され始めていた時代だった。今から13年程前になる。わたしは男たちも子育てを熱く語る時代が来たと感じた。

しかし、正直言うと、わたしは妻であるたつみさんが専業主婦であることに違和感を持った。当時、雑誌編集者として仕事をしていたわたしは、30歳を過ぎて産むか産まないか、まだ迷っていた。大学を中退して21歳で子どもを出産し、専業主婦としてずっと暮らしてきたというたつみさんの生き方は、同世代なのに想像がつかない程遠く感じられた。

その後、守穂さんが『女たちの「自分育て」』を書いて、NPOやワーカーズコレクティブ、福祉などの分野で「パート以上、フルタイム未満」で働き始めた女性たちの姿を取材してまとめ、妻も働き始めたと書いていたのを見て、やはりそういう方向に行ったのだなと安心し、共感もした。

それから仕事が発展して、ついに別居というスタイルになったのか。しかし5人の子どもの教育と家事はどうなっているのだろうか。遅ればせにふたりの娘を持ち、編集者という正社員をやめ、子育てが優先できるフリーランスライターという心細い稼業にシフトしたわたしは、今度は子どもたちが気になった。

その一方で、子育て後の夫婦にとって、別居というかたちがあってもいいのではないかという思いもあって、広岡さんの家族の第2ステージに関心をそそられた。


中高年にアンケートを取ると、妻が「田舎暮らし」を望んでも、夫は「都会暮らし」どころか「外国暮らし」を夢見る場合もある。夫が「田舎で農業」を望むのに、妻は「都心のマンションで快適に暮らしたい」という場合もある。

その噛《か》み合わなさ。そういうアンケートを見ると、一方が一方の犠牲になったり、双方が不満を持ったまま暮らすより、いっそ別居して、それぞれが前半生、子育て繁忙中にできなかったことをするのはいいのではないかと思う。

じつはわたし自身、思春期の娘たちと暮らすにはマンションが手狭になったこともあって、夫が上の娘と、わたしが下の娘と、近くのマンションに別々に住むようになり、変則的別居を成り行きで始めてしまったことを、なんとか正当化したいと焦っていた。夫婦の齟齬《そご》も深刻になってきた。友人たちの何人かが、子育て後、さばさばと「離婚」したのを見て、「離婚」という文字も脳裏をかすめていた。しかし、夫の両親が離婚していて、その離婚が及ぼした義父母や夫のきょうだいたちへの影響を見ると、あえて離婚という方法をとらなくても、距離を置いたおだやかで、いい関係を築くことはできないだろうかとも思いあぐねていた。

しかし、広岡さんたちの「別居」は、そんな安易なわたしの考えを吹き飛ばした。互いへの深い思いやりが根底にあって、紆余曲折もあり、茨《いばら》の道ではあったが、協力し合ってなんとか築きあげてきたライフスタイルだったのである。

たつみさんと、守穂さんの両方からお話をうかがったあと、

「いつまでも恋人のようにいたい」

「彼女とは深くつながっている。彼女のいない人生は考えられない」

という守穂さんのふたつの言葉が頭を駆け巡って、ハートウオームな気持ちになった。

守穂さんはこうも言った。

「彼女が石川県議会議員になったとき、ひじょうにうれしかった、ハッピーだった」

「仕事は別々だけど、対等な夫婦で、しっかり結ばれている。ぼくたちを見て、あんな夫婦の生き方がいいねと思ってくれればいい。自分たちの生き方がメッセージになったと思ったんです」

それから明快に言った。

「だんだんぼくの家事育児負担が重くなっていったんだよね」


一歩一歩着実に、確かめ合いながら理想の夫婦のあり方を追求してきたのだ。気負いをふくんだ言葉は若々しかった。守穂さんのはにかんだようなほほ笑み。傲慢《ごうまん》さのかけらもない気さくさと率直さが爽《さわ》やかだった。こういう男性が同世代に生きていることが誇らしかった。

守穂さんは中央大学教授。

妻たつみさんは石川県議会議員。

守穂さんは金沢学院大学でも教えているので週2回程、金沢に赴く。たつみさんは月に2回程、仕事を兼ねて上京する。金沢にも東京にも自分たちの家があり、たつみさんは実母と暮らしている。大学院生（留学中）の次女と大学生の3女と次男と守穂さんが東京の住まいで同居している。長男は結婚して、長女は田舎暮らしである。

家族がこういう暮らしにたどりつくまで決して平坦ではあり得なかった。

学生結婚から、はじめての別居

たつみさんとはJR浜松町駅にある東京モノレール改札そばで待ち合わせた。この本の取材のために飛行機を最終便の小松行きにしてくれたのだ。

駅に着くと、すでにたつみさんは待っていた。柱に寄り添うように立っている。白の清潔そうなスニーカーに、やわらかなカーブの襟ぐりのグレイがかったおとなしめのスーツ、ストレートなショートヘア。振り向いた笑顔がやさしそうで、あたたかい。

県議会議員2期目。議員として5年目なのに、そういう立場の人にありがちなきらびや

かで派手派手しいところがみじんもない。控えめで、奥ゆかしい、芯の強いひとだという
ことがひと目で見て取れた。
こういう雰囲気のひとだから市民派として信頼されるのだろう。
翌日に金沢から帰ったばかりの守穂さんにお会いした。大きめのスーツケースにラフなスーツを着こなして、やわらかな笑みは以前、取材でお会いしたときのままだった。これからの話は、ふたりの話をつなぎ合わせたものである。

たつみさんは21歳で中学の同級生だった守穂さんと学生結婚をした。在学していた富山大学は中退し、東京大学に在学する守穂さんと暮らすために上京した。そして次々に5人の子を出産したたつみさんは、一度も働くことなく家事育児に忙殺された。

親にあやぶまれた結婚だったから、仕送りは最低限だった。守穂さんは大学に残ることに決めたので「ひとり子どもが生まれると家庭教師や塾講師など、ひとつアルバイトをふやして働く」という切り詰めた暮らしがつづいた。

しかし、守穂さんは助手、助教授と、昇進していった。30代半ばに上梓した『「豊かさ」

のパラドックス』で新進気鋭の政治学者として注目され、テレビ出演や雑誌のインタビュー、原稿依頼などもあいつぐようになった。

そういうとき、たつみさんは焦燥感に駆られていた。

「このままでは干からびてしまいそう」

時折りそう訴えるようになった。守穂さんは知らなかったが、夕方になると苛立《いらだ》って子どもたちをきつく叱《しか》ることが多くなっていた。

夕方空が茜色《あかね》に染まるころ、子どもがわけもなくぐずり出すことを欧米でも「コリック」というそうだ。母親を疲労困憊《こんぱい》させる赤ちゃんの万国共通のぐずりだが、その連鎖反応のように、たつみさんも夕方機嫌が悪くなった。

でも守穂さんの前でもほかのひとの前でも「いいお母さん」「いい妻」だった。おだやかで、やさしくて、子ども思いだった。子育てに参加し、家庭をだいじにすることを自負する守穂さんは、たつみさんの築く家族7人の暮らしに満足していたのである。

もっとも守穂さんの家事は、その当時はこんな程度だった。

「皿洗いはしてくれるけれど、何枚か洗い残しがあって、結局あとでやり直すことになったんです。いつだったか守穂に『コピーを頼んだ秘書が、数枚し忘れましたと言ったらどう？』と聞いたら、『それならはじめから頼まないで自分でやったほうがましだ』と言ったので、『あなたのお皿洗いはそういうものなのよ』と言ったらわかったみたい」

でも、たつみさんがそう言えるようになるまで長い時間がかかった。だから美容院に行きたいと言うと留守番をしてくれるけれど、おやつの用意までしっかりして行ったのに「遅かったね」とひと言言われ、「もう頼まない」とやせ我慢をする日々を過ごしていた。

たつみさんは自分のために時間やお金を使うことをうしろめたく感ずる程、子育て一辺倒の生活になっていった。

「自分が好きな本を買うこともできなかった。ラーメンを食べたいときも『ラーメン食べに行く？』って子どもに聞いて、子どもが『行く』と言ってはじめて食べに行くというふうでした」

その気持ちはわたしもよくわかる。そういう感情は、働いているのだから、そのほかの時間はすべて子どもに与えなければ、という働く母のうしろめたさゆえと思っていたけれど、専業主婦だったたつみさんも、そういう感情にとらわれていたとは。わたしもまたどこかで「いいお母さんにならなければならない」と思い込んでいた。そして子どもは無制限に母親の愛とエネルギーのすべてをむさぼる。子どもに愛も時間も労働も与えることは本能的には快感だけれど、自分が「空っぽ」になって干からびていくような感覚におそわれるのもほんとうだ。わたしも仕事以外のすべての時間とエネルギーを、たったふたりの娘に与え尽くしてへとへとだった記憶がある。

子育ては楽しい。快楽である。しかし暴力的に奪われることでもある。

そんなたつみさんを、守穂さんは今の生活に満足していると信じて疑わなかった。

「干からびてしまいそう」

と言ったけれど、

「やりたいことはあるの？」

と聞けば、これといってやりたいことはないと答えが返ってくる。しかも子どもたちにはこまやかに心配りするし、ＰＴＡ活動も熱心で、母親として完璧である。

「とてもすてきな奥さんでお母さんだったんです。感情的にもおだやかで、子どもの気持ちも吸収して、計算もできる。家計を任せても安心だし、踏み外すことのないタイプに見えたんです」

だからこそ踏み出すことができなかったのだと気づくのは、あとのことである。多分この時点で自己主張が強かったら、イプセンの『人形の家』のように「ノラの家出」を試みて、離婚したり、いきなり仕事についたり、夫と激しくやり合ったりしただろう。同世代の女たちにはそうしたひとも多かったけれど、たつみさんはそうはしなかった。「干からびてしまいそう」という思いは内向して鬱屈《うっくつ》していった。

一方、守穂さんは新進気鋭の学者として、それまで知らなかったマスコミの女性ともつき合うようになり、仕事をする女性の魅力を感じたりしていた。

そうなると話題は子どものことばかり。素顔のままのたつみさんがくすんで見えた。ふたりの距離は開いていった。

「不公平感はずっとありました。なんでわたしだけが、という思いは解消できませんでした」

しかしある日、守穂さんは自己主張しないけれど、子育てのあり地獄から抜け出そうと懸命にもがいているたつみさんの苦しみに気づいた。たつみさんは税理士の資格を取ろうと学校に通い始めたり、司法試験をめざして勉強を始めたり、家庭教師や塾講師を始めたり、ラジオ講座で英会話を勉強したりしたが、子育てまっ最中でどれも結局あきらめざるを得なかった。

でも、たつみさんが走り切れなかったところに、家庭と子育てを最優先した良識を感ずる。そこで突っ走ってしまったら、家庭は軋《きし》んで、子どもたちもささくれだったかもしれない。長い目で見て守穂さんの共感と励ましは得られなかっただろう。

自己を犠牲にして得られるものもあるのだ。

英会話の勉強を始めたたつみさんを「また三日坊主かな」とからかったとき、たつみさんの目からどっと涙があふれ出た。その涙を見て「悔いのような痛み」を感じた守穂さんは「なんとかしてあげなければ」という気持ちにめざめるのだ。

ふたりにとって大きな転機は38歳のときだった。

第1回の「別居」をする。守穂さんが中国の長春へ単身赴任したのである。

当時、長春へはかんたんに行き来できない。電話も不自由である。21歳からいっしょに暮らしてきた夫婦にとって大きな試練だったが、それまでほとんどひとり暮らしをしたことがないふたりにとって新鮮で実り多い別居になった。

別居している間に、たつみさんはそれまで出版に難色を示していたはずの、守穂さんの『男だって子育て』を出すことに決めて、守穂さんが書いた、必要な分量の4倍もあった原稿を整理して出版にこぎつけてしまうのである。

そして仕事も始めた。

単身赴任の前年、たつみさんは重い病気にかかった。ご飯が食べられなくなり、原因不明の熱がつづいた。病院に行くと、すい臓炎と診断されるが、肝臓も弱っていた。すぐ入院。「覚悟してください」と医者に言い渡された程、全身が衰弱していた。

「わたしとしてはようやく末っ子も幼稚園に入園して、これから自分の時間が持てると張り切っていたのに、体がついていかなかったんです」

十数年にわたる5人の子育てに心身ともに疲弊し切っていたのだ。結局1ヵ月半、入院した。そのときこう思った。

「このままわたしが死んだら、子どもたちに何も残してやれるものがない。それならふたりの子育ての記である『男だって子育て』を出すことに賛成しよう」

守穂さんが自負を込めて書いた『男だって子育て』に対して、たつみさんも子どもたちも違和感を持っていて出すことに反対していたのだ。それが守穂さんが長春にいる間に、たつみさんが編集するかたちで出版の運びになる。

入院中こうも思ったという。

「これからはおまけの人生、チャンスがあったら、なんでも前向きにやろう」

いい嫁、いいお母さん、いい妻というとらわれから一歩踏み出せた。それまでは金沢の守穂さんの実家に行くと、いい嫁をしなければと緊張してピリピリしたたつみさんの気持ちを敏感に反映して、子どものだれかがぜんそくや自家中毒を起こした。

そんなときの単身赴任である。守穂さんにもはじめは悲壮感があった。

「家族と生き別れになって、悲しくて、さみしくて。でもそれが1ヵ月くらいかな、ひとり暮らしも悪くないなと。それまでひとり暮らしをしたのは大学生になって2年間だけ。弟が上京して同居し、それから学生結婚をしたので、ひとり暮らしは20年ぶり。どこにだれといつ行ってもいい。泊まったって外泊と言われない（笑）。ほんとうに自由でのびのびできた。これならだれも結婚したくなくなるなあと思いましたね。もちろんめちゃくちゃにさみしいんですよ。だれにも求められない深々と凍えるようなさみしさ。中国にいたので社会や仕事から切り離されたさみしさもありましたね」

しかし、それは自分を見つめる時間でもあった。

「食事も生活も自分のペースでできる。料理も作り、掃除や買い物をすることでぼく自身の自立ができたことも、あとの暮らしによかったんでしょうね」

一方で、たつみさんも着々と自立を果たしていった。5人の子どもの暮らしの全部をひとりでめんどうを見て、すべて自分の判断で暮らすことに自信と快適さを見いだした。

パートナーがいなくても生活に支障なくやっていける。そのとき互いに自立した人間が支え合って生きていくというやり方が確立する。

たつみさんはこのとき仕事も始めた。

「守穂に来た仕事で、受験用テキストの問題作成の仕事だったんですが、ダメモトと『わたしがやってもいいですか』と聞いたら、いいということになって引き受けました。それまで仕事をしたことがないので、失敗しないように一生懸命で、郵便で送った原稿が届いたかどうか心配で問い合わせて、『届いていない』と言われるとパニックになっていました。あとでほんとうの締め切りと仮の締め切りがあると聞いて、世の中ってそんなものなんだと。そういうことをひとつひとつ経験していきました」

それまで予定といえば、冷蔵庫に子どもの予定表をマグネットで止めておくだけですんでいたのが、自分用の手帳に仕事の予定を書き込むようになった。

「そのころでした。それまで保護者欄に『広岡守穂』とわたしが署名して印を押していたのを、おかしい、いない人の名を書いて、と思って、『広岡たつみ』と書いて印を押すようになったんです。それまで考えてみると自分の名を使うような場面ってなかったんですね」

子どもはそんなお母さんを歓迎した。目が行き届かなくなって、かえって家がいごこちよくなったのである。お母さんがいきいきして、きれいになったと言うようになった。

こんな話を聞くと、あいかわらず日本人の単身赴任が25万人と多いのに、それほど不満の声があがらないのは、単身赴任が長い結婚生活のなかでリフレッシュの機会になっているからかもしれないと思った。

中高年のアンケートでも単身赴任は評判がいい。「互いに感謝するようになった」「前よりやさしくなった」「関係が新鮮になった」などなど、長い結婚生活で互いが空気のようになったと言えば聞こえがいいが、互いの仏頂面を平気でさらして思いやることすらなくなっていた関係に、ちがう空気が流れるようになる面もあるらしい。

ともあれ帰国した守穂さんは、たつみさんがおしゃれをするようになり、意見もどんどん言うようになったのを見て、目をみはった。悶々《もんもん》としているたつみさんより、そんなたつみさんのほうが、ずっと魅力的に映ったのである。

たつみさんは、それからフリーライターや編集の仕事をするようになる。

2回目の別居、たつみさんは金沢でネットワークを築く

次の転機が訪れたのは、それから3年後である。守穂さんの実母が病気のため歩行困難になって、困っている両親の窮状に手を差し伸べるために、たつみさんがとりあえず金沢と東京を往復することになった。

「それでそのときしていた仕事は、どうしてもやりたい仕事というわけではなかったのでやめてしまったんです」

また元のもくあみ。しかし「親思い」の守穂さんが、そのことで感謝したことは想像に難《かた》くない。しかもたつみさんは一歩退くことで、じつは次の一手を築いたことになった。介護をきっかけにふたりの郷里である金沢と縁が深くならなければ、石川県議会議員に立候補して当選するという話が持ちあがりようもなかった。

しかし、それはあとの話。そのときは、たつみさんはすべてを無にして親の介護に奔走する。この生活を1年して、ふたりはなんと親のために金沢での永住も視野に入れて家を建て、しばらく別居することに決めた。小学生や中学生だった下の3人はたつみさんといっしょに金沢に住み、上のふたりは守穂さんと東京で暮らすことにした。金沢学院大学の講師の仕事もあったので、守穂さんが金沢と東京を往復することになった。

この別居生活は3年間つづいたが、3年たって守穂さんのお母さんが元気になったのを機に、下ふたりの子どもとたつみさんが金沢を引きあげ、まん中の次女だけが高校は金沢で過ごすことにして、ひとり残ることになった。

この別居した3年間で、たつみさんは金沢にネットワーク作りをした。そのネットワークは県議会議員になった今、強力なネットワークになったが、当時はたつみさん本人もまわりもそんなつもりはなかった。

「義母も元気になったので、中学や高校時代のわたしの友人たちが集まって、はじめは台所で月1回サロンみたいなものを開いていたんです。そのうちに友人がこんなひとがいるよと連れて来て、十数人集まるようになったので、あちこち場所を借りて会を開くようになりました。そのうち講師を呼んだり、映画の上映をしたりしました。テーマも決めて、子育てとかボランティアなどについて、そのころわたしが考えていた思いを話せる場にしていったんです。チラシやパンフレットも作って、参加費も取るようになったら、多いときで90人集まったこともありました」

そのかたわら不定期だが、雑誌も刊行するようになった。

「ミニコミ誌でしたが、『自分育てを応援する』というのをサブタイトルに刷り込みました。６００円で販売して、ずっと赤字。でも守穂が応援してくれて出しつづけました」

こうして飛躍的にネットワークも広がった。政治や子育て、環境や女性の生き方など、今から考えると県議会議員になってからのたつみさんのテーマが、書くことによって固まり始めた。思いを表現していくこと、そしてその思いに対して反響があることが、たつみさんの自信を深めた。

大きな飛躍は次に思いがけないかたちでやって来た。

「あるとき劇団ふるさときゃらばんの『男のロマン・女の不満』という劇を見たんです。こんな楽しいものが世の中にあったのかというくらいおもしろい。和製ミュージカルの劇団ですが、観客がなんと白のワイシャツにネクタイという恰好なんです。こんなおもしろい劇、金沢に招けないかしらということになって、見たいね、呼ぼうかという話がトントン拍子に進んで、実行委員会を作って上演しようということになったんです」

しかし、劇団を呼ぶ予算を聞いて青くなった。その劇団は買い取り制で、上演にあたって何百万円も必要になるうえ、劇場を借りるのが60万円程かかる。逆算すると、1000人入場してくれないと赤字になるのだった。

「なんとか赤字を出さずに上演しようと駆けずりまわりました。雑誌も赤字は出ましたが、これほど巨額のリスクを負うのははじめて。守穂は覚悟したと思います」

それでもたつみさんがそれほどやりたいならとあと押ししてくれたのは、これまでの経緯があったからだ。何回もゼロからのスタートをしながら、それでもなお起きあがろうと何度でも挑戦するたつみさんを、守穂さんは尊敬し始めてもいた。

それにしても、このおだやかで、やさしそうで、落ちついた雰囲気のひとのどこからそんなパワーが生まれてきたのだろうか。このひとを苦しめた自己実現欲とはどういうものなのだろうか。大学教授夫人で5人の子どもたち。でも、そういう恵まれた家庭環境は、専業主婦のとてつもない自己犠牲のうえに成り立っているのかもしれない。

わたしのように22歳から働き始め、そこそこ「やりがい」と経済的自立を果たしてきた「働く女たち」は、収入がないNPO的な仕事をする専業主婦を「立派だなあ」と思いながら、どこかで「夫が稼いで好きなことができていいよな」というすがめで見がちだった。シングルで働きつづける女と、働く母と、専業主婦は、お互いに相手を羨望《せんぼう》しながら、どこか蔑《さげす》み、理解し合うことはなかった気がする。

たつみさんに対しても、そういう気持ちがもたげないことはなかった。しかし、圧倒的に無力で、何もないスタートから、じつに県議会議員という一足飛びに場外ホームランを打って逆転満塁になったような立場を確保したひとの強さもじわじわと感じた。『男のロマン・女の不満』という劇に込められた「ふつう」の女性たちの思い。そこに表現し切れずにもどかしく喘《あえ》いでいたたつみさんの思いが素直に重なって、劇は女性たちに一種のカタルシスを与えて大団円を迎え、幕を閉じたのだ。たつみさんは期せずして、アジテーターとしての素質も持っていたわけだ。それは長く、たつみさんのなかでくすぶり、かたちを成せずにいた「強い思い」でもあった。

「そのとき彼女が壇上で挨拶《あいさつ》をしたんです。ああ、このひとはぼくが思っていたより立派な、すぐれたひとなんだなと感じたんです」

壇上のたつみさんは堂々としていて迫力があった。満場の拍手。それを浴びているのは妻なのだと思うと、守穂さんは夫として誇らしい気持ちになった。

多分このとき、守穂さんとたつみさんは出会った中学時代のような、互いに好感と尊敬の念を持った対等の地点に戻れたのだ。

上演の成功によって、寝耳に水のような「県議会議員立候補」の話が持ちあがる。民主党から白羽の矢が立った。労働組合が全面的にバックアップするから、政治にしろうとの女性にこそ立候補してもらいたいという話が持ち込まれたのである。

「やればいいじゃないか。またとない機会だよ」

守穂さんは乗り気だった。じつは守穂さんは政治学専攻。政治にはもともと深い関心を寄せていた。過去に「立候補しないか」という話もあったが、このとき、たつみさんや家族の反対で断念している。今思うと、子どもたちはこれ以上、父親と母親の精神的な距離が離れることを危惧していたのだろう。しかし素直に断念したところに、守穂さんの度量と家族への誠実さを感ずる。

自分がしたかったことを妻ができるかもしれない。そう思って張り切った守穂さんは、ためらうたつみさんを激励した。

たつみさんが立候補する気になった理由は、さすがお母さんである。

「その年、だれも受験がなかったんです。それならいいかと」

中学受験、高校受験、大学受験と、5人もいれば毎年だれかが受験である。ダブル受験の年もあった。そこをかいくぐった「受験のない年」だった。

このときは子どもたちは賛成した。

「でも町中に妻のポスターが張られているというのはきついですね」

そんな気分も乗り越えて、守穂さんも講演や挨拶などにまわった。地元出身で、金沢学院大学講師で中央大学教授の守穂さんは知られている存在だった。組合もよくやってくれたかいがあって、みごと当選。市民派県議会議員誕生である。

こうして東京の家に守穂さんと大学生の次女と3女、高校生の次男の4人が暮らし、金沢の家でたつみさんとたつみさんの実母が暮らすことになった。家族のアイドル的存在だった末っ子が金沢に転校という案も出たが、本人が友達がいる東京を選択した。

守穂さんの家事負担はぐっとました。

「ご飯は基本的にぼくが作っていますが、家のなかはめちゃくちゃです。でももうみんな大きいからなんとかなりますよ」

思いがけず、いいこともあった。病気がちだったたつみさんの実母が、娘を支えなければならないという緊張感で元気になったのだ。

何度かあった微妙な危機を乗り越えて

たつみさんに「夫婦の危機は、いつでしたか？」と聞くと、こんな答えが返ってきた。

「子育てまっ最中で、自分が干からびてしまいそうだと思ったとき。守穂は外で認められてふたりの関係が開いてしまったと感じたときですね」

やはりたつみさんは、守穂さんが「ときめいている」ことを察知していた。特定のひとが浮上していたのかもしれない。

「ほかのひとに惹《ひ》かれたり、恋愛したことはなかったのですか」

そう守穂さんに図々しく聞いたとき、率直な答えがあったのだ。

「一瞬ありました。ぼくがマスコミに登場して外で出会った女性が輝いて見えましたね。でも思いとどまったんです。あとはありません」

きっぱりそう答えた。なんという誠実な夫婦か。そのとき「自分が干からびてしまう」ようなどん底にいたたつみさんは、もし守穂さんが思いとどまらなかったら、その後、家庭に戻ったとしても気持ちの修復ができたかどうか。

妻たちは夫の「浮気」に「人格を否定された」ような気持ちになるという。もっとも人生のどん底にいたとき、ほかの女性と恋愛されたら、「人格を否定された」ような気持ちになるのは当然である。思いとどまった守穂さんの勇気が胸にしみた。

「ふたりは仲がよかったんですか。スキンシップとかは」

ぶしつけにそう聞いたわたしに、守穂さんはシャイなひとらしく顔を赤らめて、でも少しうれしそうに答えてくれた。

「子どもたちにも、パパとママはすぐ自分たちの世界に入っちゃうと言われますね。ぼくたちは割と人前でも手をつないだり、肩を寄せたりしてますね」

おお、この答えにも感動した。キスしたり、ハグしたりする習慣のない日本人は、異性と「触れ合う」ことが少ない。夫婦でも触れ合うひとは少ない。でも守穂さんとたつみさんは触れ合って、互いを確かめ合ってきたのだ。

たつみさんはそれからこう言った。

「もう1回の危機は議員になったその年です。もう議員をやめたい程、議会に行くだけで足がすくんで気持ちが悪くなるんです。それなのに守穂はわかってくれなくて」

不登校ならぬ不登会議員になりそうだったのだ。そもそも議員スタートの選挙のときから違和感があった。組合主導の選挙事務所は、いわばプロが仕切っていた。たつみさんの築いたネットワークの女性たちが選挙事務所を訪ねても、背広姿の男たちに事務所を占拠されて居場所もない。選挙に出た本人さえそう感じていたくらい、女たちは場ちがいだったのだ。

そんなちぐはぐな気分のまま議会に出ても、すんなり溶け込めるわけはない。48人の議員のうち女性はわずか2人。女性トイレの場所さえわからないありさまだった。

「初当選した男性の方たちは、それまで県議会議員の秘書や市役所の助役だったとか、県政のプロばかり。ほんとうのしろうとで女性はわたしだけ。いろいろ尋ねても、いずれわかるよと、にべもない返事なんです」

議会で事前調査した質問をしても、「言っている意味がわからない」と言われたりした。

「わたしの質問は質問ではなく、わたしの『思い』なんですね。思いを口にしても、だれもわからない。でも、どうしたらいいのか途方に暮れました」

迷宮にさまよう不思議の国のアリス。あるいはカフカの『城』のような出口も入り口も見えないところに閉じ込められてしまった気持ちだったかもしれない。先生と呼ばないと返事もしないようなひとたちと、意思疎通をするのは難しかった。それまで女性同士のネットワークでわかり合えたはずの言葉も、県政という場ではまったくの場ちがいで、空《むな》しくこだまするだけだった。

「それなのに守穂は、もっと質問しなさいとか、君にやれることがあるはずだとか、励ましてくれるのが、かえって遠くて、どうしてわかってくれないのかと思いましたね」

ところが、この話を守穂さんにしたら「エッ?」と怪訝《けげん》な顔をされてしまった。

「ふーん、彼女はそう言っていましたか。ぼくは当選したあと、ひじょうにうれしかったんですけどね。それまでの結婚生活でいちばんハッピーで満足していました。収入も立場も対等で仕事は別々だけれど、しっかり結ばれている。彼女はリーダーだし、みんながあんな夫婦の生き方はいいねと思ってくれればいい。自分たちの生き方がメッセージになったと思って、彼女のことがすごく誇らしかったんですよ」

夫婦でいつも話し合って「政治が変わらなければだめだよね」ということで一致していた。その政治を変える現場に妻を送り込めたのだという自負が、守穂さんをいくぶん躁《そう》にしていたかもしれない。たつみさんの落ち込んだ気分とはすれちがっていた。

しかし、たつみさんは外観とはうらはらにやわなひとではなかった。どんなマイナスの状況も、決して無理をしないで自分にプラスの方向に変えていったこれまでのように、ここでもしんぼう強かった。

「よその県の女性議員と知り合いになって情報交換をして、やるべきこと、したいことの方向も見えてきました。築いてきたネットワークや仲間の意見も聞いて、女性の声を政治に反映させようと努力したんです」

守穂さんが感心するしんぼう強さでやり遂げた。県庁職員に質問を書かせる県議会議員が少なくないなかで、そしられながら、たつみさんは毎回倦《う》まず弛《たゆ》まず「質問」をした。悪意ある「夫に書いてもらったんだろう」という言葉も聞き流した。独自の調査をして自分の意見を入れた「質問」をしつづけた。環境問題、教育問題、子育て支援、女性の就労支援、高齢者福祉、障害者問題、それまでの人生で疑問に感じてきたことは、政治のプロたちにない発想の問題提起となった。そういう視点を持ったつみさんのまわりに市民ネットワークが広がっていった。

たつみさんは県議会議員としても人間としても成長していった。

「地元では彼女のほうが有名ですよ。講演しても堂々としていますしね。ふたりで並んでいても、彼女のほうにまず名刺を差し出して、ぼくはあとまわしですよ」

立場が逆転したことを守穂さんはそうぼやいて見せたが、どこかうれしそうだった。かつて「何々くんのお母さん」「何々さんの奥さん」としか呼ばれたことがなく、家族の影の存在だったときのたつみさんの傷を回復することができたという自負が感じられた。

守穂さんは強いセルフコントロールと意志の力で、妻と立場が逆転しても鷹揚《おうよう》にしていられる自分を築いたのだと思った。

ところで守穂さんが「危機」を感じたのはいつだっただろうか。

「市民派の女性候補は2回目が危ないんです。だから今回は落選を覚悟しました。でも彼女にも収入があるようになって家計はふくれあがりました。県議会議員の収入は選挙活動資金にあてているので、支出はふやしていないつもりでも、お金は動きます。まだまだ子どもたちの学費はかかるので、ぼくは仕事をふやしたんです。幸い、彼女は2期目も当選。ぼくの心配は杞憂《きゆう》に終わったんですが、引き受けた仕事は残ったので、すごく忙しい。でも、そういうぼくの状況に彼女はてんで無理解なんです。『たいへんだよ』と言っても、『あっ、そう』。冷たいんですよ」

苦笑いするのである。

2回目の選挙では、1回目の選挙とちがって、たつみさんのネットワークのひとと、組合関係者が協力し合って、たつみさんが展開したいような選挙活動をすることができた。地元に根づいているという確かな手応えが、たつみさんの自信につながった。

今度は守穂さんのほうが置いてきぼりを食っているのかもしれない。といっても、ふたりの仲は緊密だ。昨夜たつみさんに取材したが、その夜、ふたりは金沢で落ち合い、そして朝、金沢をたった守穂さんから東京で話をうかがうというスケジュールだった。

「同世代の友達を見ると、わたしたちは遊びがないかなと思ったりすることもあります。暮らしを楽しんだり、旅行をしたりということができないんですよね」

そうたつみさんは言った。ふたりはずっと走りつづけているのだ。

今年、守穂さんは勤続25周年記念で大学から金一封をもらった。それを機会に、都内のホテルで7人家族全員とそのパートナーやボーイフレンドやガールフレンドを呼んで食事をした。家族全員が揃《そろ》うのは久しぶりのことである。

「なあんだ、そういうことだったの」

ひとりで現れた、山形で有機農法による農業をしている長女はそうぼやいたという。あとの4人はそれぞれのパートナーを連れて現れたのだ。

「子どもが失恋するとつらくてね。言わなくても気配でわかるじゃないですか」

そんなことを言う子煩悩なお父さんでもある守穂さんだけに、その日はよけいハッピーだった。

「自分たちが親に結婚を反対されたので、子どもがどんなひとを連れて来ても反対しないと決めているんですよ」

それはたつみさんの考えでもある。子どもたちはお母さんが仕事を始めたとき、「きれいになったね」と歓迎した。別居するときも、県議会議員になるときも、子どもたちは賛成した。思春期にさしかかったとき、父親にはけっこう冷たかったこともある子どもたちだが、母親のやりたいことにはいつも賛成した。思春期の子どもは権威に歯向かう。とすると、子どもたちが思春期のころ、守穂さんは家庭のなかの権威で、たつみさんは弱い立場にあったことを、子どもたちは鋭く見抜いていたのかもしれない。それが徐々に守穂さんが権威を脱ぎ捨て、子どもや妻に寄り添っていった結果が今日なのだろう。

考えてみると、ふたりの別居期間は案外長い。5人の子全員いっしょに暮らす期間も決して長くはなかった。

そしてつねに別居期間中に、たつみさんは実力を蓄えて人生を切り開いていった。はじめの守穂さんの長春赴任中に仕事を開始し、介護のために金沢で暮らしたときにミニコミ誌を出して地元ネットワークを築いた。

ふたりにとって「別居」は風通しがよくなるために必要なプロセスだったのだ。

学生結婚だったふたりは、最初、財布はいっしょだった。今は、夫婦別会計である。すべていっしょだったものを別々にしたとき、方向転換が用意されたのだ。

守穂さんとたつみさんが、わたしは心底うらやましかった。戦後民主主義がめざしてきた平等対等な夫婦が、ここにいたと感動した。こういうカップルが存在し得たことが奇跡のように感じられた。

Story 2

別居結婚から、家族がひとつのチームになるまで

お話をうかがったカップル

脇 雅世さん（妻）
1955年生まれ。ル・コルドン・ブルー・パリ校で学び、現在は料理研究家として雑誌やテレビで活躍中。フランス料理の教室も主宰。著書は『うちのファミリー・フレンチ』（文化出版局）、『フランス仕込みの節約生活術128』（集英社be文庫）など多数。

加藤修司さん（夫）
1956年生まれ。中央大学中退後、アメリカのニューヨーク州立大学オニオンタ校とトリニティー大学大学院で演劇を専攻。帰国して映像ディレクターに。2000年に会社を設立し、今は妻のマネージメントに徹する。

ふたりの間には3人の娘がいる。

夫が妻のサポート役になって

「ぼくたちがチームだと考えれば、どちらが主だとしてもいいんですよ。今は脇が世に出ていて、同じチームの一員であるぼくがサポートしたほうが力を発揮できるならそれでいいんです」

このひとの声はこんなに明朗で、のびやかで、楽しそうだっただろうか。

わたしは遠い記憶をたぐり寄せて、歳月が変えた加藤修司さんの以前の姿を思い出していた。とても同一人物とは思えない。

それくらい変わっていた。目の前の加藤さんは半袖のオレンジ色とブルーなどのまじった格子のコットンシャツにジーンズ。短く揃《そろ》えた髪。そして加藤さんの声は、てらいがなくて、明るい陽射しのなかでよく響く。

15年前いちばん上の娘が生まれたばかりのころ、脇雅世さんの取材で会ったとき、映像プロデューサーと名乗った加藤さんは、長髪で、全身黒ずくめ、細身で、眼光鋭く、いかにも業界人らしく神経を張りつめた気難しそうなひとだった。

それがどうだろう、この変わりようは。

「末っ子の小学校のＰＴＡ役員を引き受けているから、こんな恰好なんです。お母さん方と子どもに教えるために、午前中からフォークダンスの練習をすることもあるし」

数日前、パートナーである料理研究家の脇さんにインタビューした。そのときも驚いた。こんなにあけっぴろげな、笑顔の似合うひとだっただろうか。

茶色に染めたショートボブに、ゆったりして、てろんとした光沢のある生地の、胸ぐりの大きくあいたロングドレスを着た脇さんは、今日は料理の撮影がないらしく、くつろいでいたことを差し引いても、笑顔がとびきりいいのだった。

「２０００年に神のお告げだと言って会社を設立し、ふたりのお金の出入り口をひとつにしたのです。わたしの仕事のマネージメントと３人娘のスケジュール管理は加藤の担当です。仕事はとてもやりやすくなりました。だって、彼が全体を把握しているから、わたしは料理だけに集中できるでしょ」

事務所にしている部屋の書棚には、脇さんが料理を担当した雑誌がずらりと並んでいた。『オレンジページ』『ｄａｎｃｙｕ』『ミセス』『ＮＨＫきょうの料理』『婦人公論』……料理専門誌はもちろん、今をときめく女性誌は総なめで、男性誌もちらほら見える。

「それまでは仕事をするのを加藤に遠慮していましたね。やはり子どもの保護者会があると、その日は撮影を入れないようにするという感じでした。子育てが優先で、仕事はそのあと。料理教室も、月1〜2回程度。撮影も月1回程度でした」

それが現在は仕事にフル回転。住まいのマンションの階下の部屋を全面的にリフォームして、料理スタジオに改造、撮影もできるし、料理教室もできるようにした。今や週4回撮影、月2回料理教室という猛烈なペースで仕事をしている。

わが家にも『うちのファミリー・フレンチ』とか『脇さんちの「一汁一菜」元気ごはん』とか、脇さんの本がキッチンのそばの本棚に並んでいる。3人の育ちざかりの娘がいる脇さんの家庭料理は、手軽で、本場フランス仕込みだから、見た目がおしゃれでボリュームもあって、しかも日本人の口に合う洋風料理だから、よく作る。その料理本も20冊を超えた。

今はやりのIHクッキングヒーターを設置して、壁を落ちついた深みのある赤色にした料理スタジオは、赤という力のマジックか、あたたかくてパワフルな仕上がりになっている。

「スタジオのデザインはぼくが担当しました」

壁の色をほめると、アメリカの大学院で舞台美術も学んだ加藤さんが、少し自慢げにそう言った。こんなところにも加藤さんのバックアップぶりがうかがえる。

午前中の料理スタジオは窓が開けはなたれて、少し湿気をふくんだ初夏らしい風が吹いてきた。

脇さんは15年前、取材したときより、健康的で、少しふっくらしていた。

20代のほとんどを外国で暮らしたふたり

「別居結婚をしているんです」

あのころ、脇さんは自分たちの結婚をそう説明した。長女が生まれたばかりだった。服部栄養専門学校の嘱託で講師や広報の仕事をこなしていた。フランスの料理学校の名門ル・コルドン・ブルーで修業してきたフードジャーナリストとしても注目されていた。

細身の体にフィットしたブルーグレイのパンツスーツを着て、ストレートなロングヘアをひとつにきりりとまとめていた。きれいでなめらかな口調だったが、ビジネスの場にふさわしい早口で断定的で隙《すき》のないしゃべり方だった。

料理研究家としても知られ始めたころだった。鼻梁《びりょう》の通った、目の大きな、美しいひとだったが、今思うと、プライベートでも仕事でも緊張していたのだ。

脇さんも加藤さんも20代のほとんどを外国で暮らしている。脇さんはフランスで料理を学び、加藤さんはアメリカで演劇を勉強しながら仕事にもしていた。

小学校からエスカレーター式で川村学園短期大学家政科を卒業した脇さんは、学生時代から母親が始めた喫茶店で、ナポリタンやサンドイッチなどの料理を担当していた。もともと料理は大好きで得意だった。茶道や華道も習い、本格的に懐石料理も習い始め、「和食を究《きわ》めたい」と志したのだが、日本料理の職人たちの唯我独尊《ゆいがどくそん》的なやり方に疑問を持ち、「いろんな料理を見てみたい」と強く思うようになった。

当時はフランス料理の参考書といっても手元にはタイムライフ社の『世界の料理』のなかにある『フランス料理』2巻くらいしかなかった。ズッキーニも、赤や黄色の肉厚であざやかな色のピーマンも、見たこともさわったこともなかった。

「コルドン・ブルーで料理を勉強したいので留学させて」

母親に頼んで、1年半だけパリ留学することを了承してもらった。母親は「これまで喫茶店で働いてくれた報酬代わりに」と費用を出してくれた。当時のコルドン・ブルーにはまだ日本人も少なく、毎日が緊張の連続ではあったが、充実して楽しかった。

しかし帰国して、本場パリ仕込みのキッシュを喫茶店で出しても「しょっぱいパイですね。ふつうのケーキはないの?」「テリーヌってどんな料理? ハンバーグやコーンポタージュはないんですか?」とお客さまに言われてしまうような状態で、腕のふるいようもなかった。それに1年半という時間ではフランス料理を究めたという自信もなかった。「もっと本格的に勉強したい」という思いは募るばかりだった。それほどフランスは魅力的だった。

もはや母には頼めない。かくして敢然と「家出」を決行した。

「でもあてがあったわけではなかったから、どうしようという感じでした」

ところがパリ日本人会が主催する日本人向け料理教室の講師を頼まれたのが縁で、ひとからひとへと紹介されて、おもに商社勤務のひとの夫人に料理を教えるようになった。そのうちに日本の雑誌社からフランスの二つ星や三つ星レストランを紹介するので、アレンジしてほしいという依頼があった。

「気が重かったのですが、意外なことに三つ星レストランのシェフは気さくで快く引き受けてくれました。これらの取材はわたしにとっても、すごく勉強になったし、のちの人脈としても大きな力になりました」

料理にくわしくてフランス人の三つ星シェフとも親しいということで、脇さんは日本の雑誌社にフードコーディネーターとして重宝がられるようになる。服部栄養専門学校の校長や24時間耐久レース、ル・マンとかかわりができたのもこのころである。

「恋愛もいっぱいしましたよ」

そんな日々を過ごして帰国したとき、30歳近くになっていた。帰国して服部栄養専門学校の嘱託や、京橋千疋《せんびき》屋のパーラーメニューを立てるなど、いくつかの仕事をかけ持ちするようになった。当時創刊された『日経ウーマン』で「働く女性の新しい仕事」として、脇さんは「キュイジーヌ・コーディネーター」という肩書で登場している。バブル直前の日本では、働く女性がもてはやされ始めていた。カウンセラー、カラーリスト、インテリアアドバイザー、ソムリエ、バイヤー、マーケッター、さまざまなコンサルタントなど、新しいカタカナの職種が次々と作り出された。留学もブームだった。外国で資格を取得して日本で活躍というのが女性の憧《あこが》れのコースだった。

一方、加藤さんは中央大学文学部史学科に在学中「失恋」して、アメリカに留学をした。大学は中退した。脇さんより加藤さんは1歳年下なので、ふたりはほぼ同時期に片方はフランスへ、片方はアメリカに留学したことになる。

ニューヨークの大学で演劇を専攻したあと、テキサスの大学院で舞台美術を専攻した。大学院には奨学金をもらって通っていたが、同時にダラスシアターセンターで実習生として働いてもいた。アメリカでは大学院生といっても、学生たちはプロとしてじっさい舞台に立ったり、演出やプロデュースの仕事をするのがあたりまえらしい。加藤さんも舞台美術の仕事をしていた。

そのとき、あとで思えば今につながる貴重な体験をしている。

「アメリカでは仕事もしましたが、何組かの家庭にホームステイさせてもらう機会もあって、アメリカの父親たちが気軽に食器を洗ったり、掃除をしたりするのを見たんです。ある父親は子どもたちにサクソホンの吹き方を教えていました。子どもといっしょにいて子育てを楽しんでいるのを見て、いいなあと思いましたね」

でも、それは記憶の奥にしまい込まれた。加藤さんは帰国すると、猛烈に忙しいテレビの制作プロダクションに勤め、テレビの映像の仕事を手がけるようになる。徹夜がつづくような過酷な労働であるが、そこでの仕事はアメリカ仕込みの加藤さんにとって、とうてい納得できないことが少なくなかった。何よりも、何日もかけて作りあげた映像が一瞬で流れて消滅してしまう刹那《せつな》的なテレビの仕事になじめなかった。

30歳にさしかかろうというとき、ふたりは出会っている。留学から戻り、颯爽《さっそう》と仕事をする若きキュイジーヌ・コーディネーターと映像プロデューサーの出会いは外見的には華やかそうだが、内心は微妙なものがあった。

「20代のほとんどをアメリカで過ごして帰国したぼくには孤立感がありました。浦島太郎の心境ですね。アメリカ時代の話をしても、戦争に行って帰って来た兵士の話のようで内地のひとに臨場感が伝わらないんです」

そのもどかしさは切実だった。その思いを共有できるのが脇さんだった。

しかも脇さんは、そんな加藤さんをこう口説いたのである。

「20代を同じように海外で過ごしたわたしたちは理解し合える。わたしがいればあなたの力になれる」

じつは脇さんにはもうひとつ切実な願望があった。

「結婚願望が前からすごくあったのが、加藤と会ったころにはあきらめムードだったんです。わたしは結婚できない女かもしれないのかなと不安で。その一方で自分が培ってきたものを継承したいという欲望も強かったんです。結婚というかたちをとらなくても、子どもが欲しいと思っていましたね」

結婚というかたちをとることをためらっていた加藤さんをねじ伏せる勢いで、妊娠してしまう。そして加藤さんが提案したのが「別居結婚」だった。

「当面はバラバラに住まないか。どっちかがどっちかの犠牲になったり、服従関係になるという結婚も嫌だし、片方が眠いので明かりを消すから片方が本を読みたいのに読めないということがあったり、相手の仕事の都合に合わせて、自分の仕事ができないというのも、お互い不本意だと思う。ぼくの仕事は時間が不規則だから、赤ん坊が眠ったところを起こしてしまったり、無意味に気を使い合うことになるなら別々に暮らすほうが合理的ではないか。とりあえず別居で始めよう」

おおよそのガイドラインは加藤さんが決めた。じつは加藤さんはかなり饒舌《じょうぜつ》で「しゃべり倒す」勢いで、脇さんを納得させたのだ。入籍は長女が生まれる2ヵ月前だった。姓は脇さんが加藤姓になり、仕事上は脇を名乗ることにした。東京のトゥールダルジャンで披露宴をして周囲にも祝福された。割合近いところにも住んでいたし、シングルマザーでもいいという覚悟さえしていた脇さんに異存はなかった。仕事はずっとつづけるつもりだったので、経済的に折半という条件も受け入れた。

「わたしが小さいころは、女性の会社勤めは結婚するまでというのが一般的でした。そんななか、父は『これからの世の中は女でも仕事を持って自立できるように』とつねにわたしに言い、自然と大人になったら自活のできる女性になるものだと思っていました」

別居結婚を始めたころ、プライベートライフをふくめて取材させてもらったわたしの率直な感想は「脇さんが一方的にたいへん」というものだった。

マンションの一室には、宅配便で届いた野菜や紙おむつが所狭しと積みあがり、ベビーシッターさんを頼んで不規則な仕事をやりくりしていた。別々に住んでいる加藤さんは機動力にならず、家事育児仕事、脇さんがすべて引き受けて八面六臂《ろっぴ》の活躍で、なんとか日常をまわしているという印象だった。

子どもがいないときの別居結婚は双方においしいかもしれないけれど、子育て中は女性のほうの負担が大きすぎると、わたしは感じた。

これで経済的折半では不公平だ。別居結婚に憧れを抱いていたわたしだが、加藤さんはエゴイストであると決めつけてしまった。

だから久しぶりに脇さんのスタジオで取材したとき、コットンシャツにジーンズで短い髪という百八十度ちがう印象の加藤さんが、にこやかな笑顔で「マネージメント」の名刺を差し出した驚きは強かった。あのときはニコリともしなかったのに……。思えば、あの当時、加藤さんは「浦島太郎のような気分で孤立感に苛立《いらだ》っていた」ので、愛想笑いするどころではなかったのだ。

さて、どちらの邪魔にもならない、互いに独立していて、それぞれの領域を侵さないという契約のもと始めた「別居結婚」だったが、思わぬ伏兵は赤ちゃんだった。生まれるまで加藤さん自身も気がつかなかったのだが、大の子ども好きだったのである。

はじめは妻が夫を全面サポート

経済も、仕事も、住まいも別々のクールで合理的な「別居結婚」をスタートさせたはずの加藤さんと脇さんたちが、15年たったら子どもが3人もいて、妻が料理研究家として大活躍するのを夫が全面的にサポートする、「家族全員でひとつのチーム」になるまで、どんな変遷があったのだろうか。どういう心理的変化があったのだろうか。

確かに今をときめく料理研究家は、夫やときに息子などがマネージャーをしている例が少なくない。たいてい助手などサポートするひとがいるのがふつうだ。

といっても日本社会は「夫稼ぐ人、妻専業主婦」のパターンが一般的。今だって厚生労働省の統計によると妻が家計に寄与する収入は、家計の平均20パーセント程度。それでもじりじりあがってきてはいるものの、まだまだ夫の意識を変える程の実力はない。「仕事してもいいけれど、家庭に支障をきたさない範囲で」という条件つきで妻に仕事をさせて、そのじつ自分は何も家事をしないという夫が大多数だろう。これまた厚生労働省の調査で夫たちの家事時間は、専業主婦だろうと共働きだろうとわずか十数分、ごみ出し、新聞受けから新聞を持って来る、布団あげなどしかしていないというデータもある。

しかも不景気になってリストラに脅《おび》えているせいか、男も子育てをと言われている割には、家事参加は進んでいない。そして日本人の正社員の労働時間は長くなるばかり。

夫たちに家事するゆとりも気持ちの余裕もない。

せめて子育て後や定年後は、妻に代わって家事をし、妻がのびのびと仕事をしたり趣味に没頭できるように役割を替えてもいいのにと思うのだけれど、ある日、突然に「はい、交代、バトンタッチ」とはいかない。

脇さんと加藤さんの話を聞いても、このような理想の役割交代がスムーズに行われるには、15年かかったのだと思った。

感心したのは、脇さんが強引に「わたし、仕事をするからサポートして」と言ったわけではなく、むしろ、それまで脇さんは加藤さんを全面的にサポートして支援する立場からスタートして、加藤さんの意向に合わせるように生活してきた結果、加藤さんが脇さんの仕事の実力に目をみはり自分からサポートを申し出たというプロセスだった。

夫婦は譲り合うことがだいじなんだ。

脇さんと加藤さんの話を聞いて、互いの権利ばかりを主張して一歩も譲らず、互いを非難し合ってきた過去の自分たちのありようを思い起こして、さみしく、はずかしい気持ちになった。

加藤さんと脇さんの話に戻ろう。ここでもう一度確認しておくと、ふたりの話は別々の日にうかがった。それをパッチワークみたいにつなぎ合わせて書いている。案外照れ屋のふたりは、自分たちの結婚の経緯を話すのをためらっていた。脇さんなどは延々とパリ時代の話がつづくので、「いつ加藤さんが登場するのかしら」と内心ドキドキしてしまった。それでも話しにくい質問にも答えてくれたのだ。

ふたりが本格的に同居したのは、結婚1年後だった。

「長女が1歳になって、パリに1年間滞在しました。ぼくはアメリカに行ったことはあるけれどヨーロッパのことは知らないので行ってみたいと思ったんです。それまでのぼくは炭水化物でお腹を満たせばいいと、煙草と強いウイスキーとお茶漬けで生活しているようなところがあったんですが、ちぎったバゲットにバターを塗って食べるのもおいしいなと気づいて、お金もたまったし、いっしょに住もうと提案してパリに行ったんです。一応、いくつかの仕事は多少することになっていましたが、パリ滞在中はほとんど遊んでいましたね」

料理に関心のうすかった加藤さんが、ラー油の作り方、そばの打ち方、寿司の握り方など、脇さんの料理全般の知識に感心したり、喫茶店で作っていたという自慢のナポリタンに目を細めたりしていくうちに、脇さんが惹《ひ》かれたフランス料理、そしてパリに関心を持つようになったのである。

ここに無理がない歩み寄りがあった。

そしてこのパリ滞在中に次女を妊娠。妊娠7ヵ月で帰国したときは「このままいっしょに住もうか」ということに自然になった。

とりあえず都内の賃貸マンションに同居した。その後、現在料理スタジオ兼住まいになっている神楽坂《かぐらざか》のビルに引っ越した。加藤さんの父が所有していたビルで、そこにはフロアがちがうが母や兄が住んでいた。

恵まれていたことは、都心のまんなかの住まいなのに住居費がかからなかったこと、父から相続したビルだったので自由に改装できたことだった。

そして次女についで2年後に3女を出産。服部栄養専門学校の嘱託や、ル・マンの仕事は継続して、料理教室を月1回つづけ、ぼつぼつ入っていた雑誌の料理撮影の仕事もこなしていたが、スタンスは「家事育児に支障のない範囲」で仕事をしていた。

加藤さんの仕事はどうやら順風満帆とはいかなかったようだ。舞台美術の仕事より、テレビの仕事が多く、その仕事は加藤さんを疲弊させた。

「フリーの立場で加藤は仕事をしていましたが、気に入った仕事でないとしたくないと断っていましたね。それに仕事に入ると、ひじょうに繊細で、神経がピリピリするので家中が緊張してしまうんです。仕事にのめり込むと、ご飯も食べなくなって、ビールと強いウイスキーしか受けつけなくなるのです」

このため、まだ子どもがふたりだったとき、加藤さんは急性アルコール中毒にかかって2度も病院に担ぎ込まれている。

そういう加藤さんを脇さんはハラハラしながら見守っていた。加藤さんの仕事への思い込みの激しさと、それとうらはらに日本社会で受け入れられないもどかしさと憤りをよく理解できるのも、同じように20代を海外で過ごした者同士だからこそだった。

「わたしたちは同志だな」

そういう意識はふたりには強くあった。

このとき脇さんは落ち込んだ加藤さんをなじったりしなかった。ふたりにはいつも会話があった。今でもそうだが、加藤さんは夕食後、脇さんを相手に饒舌にしゃべりつづける。仕事を終え、3人の子どもに食事をさせたあと、夫婦はワインを片手に延々とおしゃべりをするのが日課だ。

「言葉が多いから結婚した当初はまいりました。ずっとしゃべっているので、ああ、うるさいって思うこともあるんですが、加藤は話し合わないとわかんないよと言うんです」

話し合わないとわからない。これが加藤さんの基本的な考え方。今もずっと変わらない。

3人の娘たちは父親と話すことを楽しみにしているという。

「大明神と一応父親を怖がっているんですが、お父さんの日常のケアがいいので、娘たちは父親との会話を楽しんでいますね」

会話の多い家族なのである。

だれが芝刈りに行っても、だれが川で洗濯してもいい

さてしだいに加藤さんはテレビの仕事から遠ざかっていった。その代わり、さまざまなプレゼンテーションやカラオケの映像作成の仕事をするようになった。そんなとき、ソムリエ田崎真也さんのプロモーションビデオ制作の依頼を受ける。このプロジェクトで、ビールとウイスキー党だった加藤さんがワインに開眼する。服部栄養専門学校の仕事などもするようになって、徐々に脇さんの仕事もつかめるようになっていった。

長女につづき3女も腸重積症にかかったり、3人の子育ては順調といっても、たいへん

だったが、そのなかで加藤さんは子どもを病院に連れて行ったり、公園で遊んだりと「父親としての楽しみ」にめざめていった。

しかし脇さんのスタンスは変わらなかった。

「ストッキング一足でも買ってもらうのは嫌なんです。自分のものは自分で買う。自分の食べる分は自分で稼ぐというのは、ずっと変わりません。夫に寄りかかるという気持ちはなかったですね。パートナーが困っていたら助けてあげたい。自分にできることがあればしてあげたいと思っていますが、経済的に別々。わたしが子どもの学費や育児に関する費用はできる最大限で負担しました」

もっとも、ふたりは節約家で買い物もしない。夏休みともなるとマンションの屋上で、小さなビニールプールで水浴びをしているのが楽しいという家族である。娘たちも、高校生や中学生になった今も、誕生日のプレゼントに「クラブ活動で使う弓」や「ソフトボール」「合宿の費用でいいよ」と言うような子たちである。

「参考書とか予備校のお金とか、ずいぶんお金を使わせちゃったものね」

長女はそう言って遠慮するのである。

そんな家族と、脇さんの潔さと独立独歩の姿勢が、加藤さんには快かったのだ。やりたいことを自由にやらせてくれることへの感謝の気持ちは、加藤さんのほうにはじめに芽生えたのではないだろうか。

人間は、まずやりたいことをやらせてもらったあと、感謝の気持ちがうかぶのである。それなのにわたしときたら、互いに譲り合わずやりたいことをやらせろ、邪魔するなとばかり言い立ててきたと反省するばかり。

こうして会社設立に至ったのである。

「機が熟したようだね。君の仕事はふえているし、家の事情を知っているぼくがマネージメントをするのがいちばん効率がいいし、子どもにとって好都合じゃないかな」

それからこう加藤さんは言った。

「ぼくたちはチームだから、だれが芝刈りに行っても、だれが川で洗濯してもいい」

しばらく自分は従のほうにまわってもいいと、そう加藤さんが決意した理由を3つ挙げた。

ひとつは20代を海外で過ごした者同士共有する使命感である。そういう者のどちらかが社会に受け入れられて才能を認められるなら応援しようという素直な気持ちがあった。脇さんは『パリっ子の台所から』という本を作っている。フランス時代に学んだレシピをまとめた一冊だ。

「だれも見ていないところで彼女が懸命に学んだ仕事をひと目に触れさせたいという思いはありましたね」

しかし、その気持ちも脇さんが「加藤に遠慮して、子育て優先で仕事するスタンス」でいたから芽生えたにちがいない。

ふたつ目が、「脇さんの実力」である。

「思いのほか、彼女の実力はすごいんだなとわかってきたんです。メディアを通して見ても、レシピや教えているようすを見ても、何かがある」

力のあるひとを応援しようと思ったのだ。脇さんが控えめにしていても、テレビや雑誌に引っぱりだこになっているようすが、いっしょに住んでいるとわかる。

「テレビの料理番組を見ていても、ほかのひととちがう持ち味がある。エネルギーもアピールする力も悪くない。彼女の料理には魅力があるんです」

それは毎日食べていても実感していた。パリ仕込みといっても家庭料理も抜群においしい。肉じゃが、煮魚、餃子、コロッケといった、ごくふつうの料理でもおいしい。料理の感性がいいのだと実感した。

こんなエピソードを聞かせてくれた。

「3女が生まれて脇が撮影の仕事があったりすると、保育園の送り迎えをぼくがすることもあったんです。あるとき、バギーに乗せて家を出ようとしたら、家の前に黒塗りのハイヤーが止まっている。仕方ないからハイヤーをよけて通ろうとしたら、ハイヤーの運転手が脇に『家の前に着きました』と電話しているんです。こんなふうに社会に求められていて、上昇気流に乗っているなら、足を引っぱるのではなくて、チーム全体で応援してあげよう。チーム全体で勝てばいいじゃないかと思ったんです」

すごくあたたかい話である。

そして3つ目が子どもの力である。

じつは加藤さんはすごい教育パパなのである。それも中学受験に関しては、半端ではない打ち込みようである。開眼したのは長女の受験。そして次女が去年受験。小学校5年の3女にそろそろエンジンをかけているところである。この3人の娘の子育てへののめり込みが、加藤さんの教育熱を呼びさまし、チーム意識を高めたらしい。

「中学受験をする子をみんなで応援して、家族のなかで受験を優先してがんばろうぜと励ましてやる。環境を整えてあげて背中を押してあげるのが、チームメイトとしての役目かなと思いますね。それに身近なところでめんどうを見てあげられるのは、中学受験くらいまででしょ。基礎学力をつける最後のときですよね」

長女の中学受験はターニングポイントだったと振り返る。

「あの難しい算数の問題が解けるようになったらいいじゃんと本気で思います。できなかった子が解けるようになったとき、うれしかった。やったと思いました。ぼくたち夫婦は子どもに高学歴をめざさせるつもりはないから、中学受験までめんどう見たらそれで終わり、あとは自分たちでやりたいことを見つけてくれという気持ちです。でも中学受験には親がやってあげることがある。だからぼくは3女の中学受験終了をめどに、自分の仕事の方向も変えたいと思っているんですよ」

別居結婚というクールな関係でスタートさせて15年たったとき、妊娠出産、幼稚園や保育園、小学校、中学受験、中学高校と、お父さんの出る幕はふえていた。家族の需要は高まってきたという自覚もある。

「勉強もずいぶん見てやりました。学校説明会にも塾の面談にもほとんどぼくが行きました。脇はああそうという感じで、勉強についてはぼくに一任でしたね」

つきっきりでめんどう見てくれるお父さんを娘たちは信頼してくれた。

「もっとも2回も流水算（中学受験の要で、難しい算数の問題）をやったら、さすがに飽きました。3女は叱《しか》るとひるんでしまうタイプなので、どうやって乗り越えようかと考え込んでいますよ」

すごくいきいきと中学受験のことを話す加藤さんを見ていて、子煩悩だなというほほ笑ましさと、「できないのができるようになるのを見てあげるのは、すごくうれしいじゃないですか」という言い方から、大学生のとき加藤さんは史学専攻で、将来、社会の教師になろうと漠然と考えていたという話を思い出した。

「先生に、向いていたんじゃないかな」

生徒ができるまで熱心につき合ってくれて、できるようになると手ばなしで喜んでくれる、ちょっと怖いけれど、やさしい先生になっている加藤さんが容易に想像できた。人間は、若いときに考えた夢をどういうかたちでか実現するものなのかもしれない。

加藤さんの言う「家族はチームワーク」という実感は、これまでの2回の熱い中学受験体験がものを言っているような気がした。

「3女の受験が終わったら、別の人生をやってみたいと思っていますね」

脇さんと加藤さんは、将来どうするか、何をしたいか、どこに住むかから、どう収入を得るかという現実的なことまでよくしゃべる。

現在、脇さんは次の本の出版予定も決まっているし、料理ページの依頼は引きも切らない。

しかし案外冷静なふたりは、この流れがずっとつづくとは考えていない。「どちらが芝刈りに、どちらが川に洗濯に行くか」臨機応変に考えていこうというスタンスをとっている。

加藤さんもやりたいことがある。

「アメリカには舞台や映像の仕事をつづけている友人がたくさんいます。彼らとコラボレーションして、いずれぼくが書きためたものをなんらかのかたちにできたらいいなとか、そういうことも考えています」

脇さんも夢がある。

「ほんとうに自分の納得したものを求めるひとに販売したいですね。小さな製菓工場は夢だわ」

それにこんな夢もある。

「ハンディのある子のための料理教室とか、スポーツ選手の栄養指導とかもやってみたいことのひとつですね」

住みたいところの夢もある。

「ポルトガルに惹かれますね。まっ青な空と海、野菜を作ったり、釣りをしたり、そんな老後の生活に憧れますね」

将来の夢には子どもたちが独立していくという青写真はあるけれど、別居しようという青写真はないらしい。

チームメイトを支える加藤さんは、撮影で遅くなった脇さんがリビングに戻って来ると、こう声をかける。

「遅くまで働いていたお母さんをサポートしなくちゃね」

そう言うと娘のだれかが冷蔵庫からビールを出してくれるというから羨《うらや》ましいではないか。チームはすごくうまくいっているのだ。

撮影で遅くなると、お父さんが腕を振るって娘たちに夕食を作ってやるのもよくあることだ。料理研究家の娘たちはお父さんのご飯が大好きである。

Story 3

人生後半で、妻世帯主、夫自由業と役割交代

お話をうかがったカップル

羽成幸子さん（妻）
1949年生まれ。カウンセラー、ヘルパー養成、ボランティア研修講座などの講師を務める。祖父、祖母、実父、実母、姑の計5人の介護経験をもとに『介護の達人』（文春文庫）を上梓。ユニークな発想と明るい介護哲学で有名になる。近著は『「自分の介護」がやってきた』（春秋社）。

羽成武彦さん（夫）
1943年生まれ。26歳で機械設計製造業を始める。さまざまな機械を造り出してきた。現在はモノ作りの自由業。

ふたりの間には女、男、女、女の4人の子どもがいる。

『介護の達人』は、人生を楽しむプロの専業主婦

はじめて羽成幸子さんに会ったとき、開口一番こう言った。

「稼がなくなった男って、いい顔してますねえ」

夫のことだという。自営業の夫が58歳で廃業して清々したと笑った。

この爽快《そうかい》な言葉を言えるのは、ただものではない。

肩までで切ったストレートヘア。モノトーンでまとめたファッションは、こざっぱりしていてセンスが感じられた。

2年前、ワーキングウーマン向けの雑誌で「親の介護とキャリアをどうするか」という座談会のときはじめて会った幸子さんに、わたしは挑発された。このひと、どういうひとなのだろうか？　関心をそそられた。座談会の主旨とそれるので、パートナーがどういう仕事についていて、どんな夫婦関係かは聞けなかったが、印象に残った。

専業主婦なのに、亭主が稼がなくなって平然としていられるとは。幸子さんは『介護の

達人』を上梓《じょうし》している。実祖父母、両親、姑《しゅうとめ》の介護をしてきたプロセスを書いているが、圧巻は寝たきりになった姑の6年間に及ぶ自宅介護である。たいへんなのに、明るく、行政に頼るところは頼り、趣味や勉強など自分がやりたいことはやって、決してヘンな自己犠牲に陥らず、やるべきことをやった介護として、それまでの介護本と一線を画していた。

その日は20代の女性たちに「介護で犠牲にならず、自分がやりたいことをやりなさい」とてきぱきとアドバイスしていた。

わたしは介護をしたことがない。義父母は熟年離婚をしており、義父は再婚した相手にみとってもらった。夫の3人のきょうだいたちは、それまでの確執から見舞いどころか、葬儀にも列席しなかった。

義母は義兄と同居して義姉が一切めんどうを見てくれた。もともと離婚によって家族関係が希薄になっていたので、3男の嫁であるわたしなど、はなからあてにされておらず、臨終に駆けつけただけである。

義父母ともがんで亡くなり、闘病期間は数ヵ月で短かった。ふたりは相前後して亡くなったが、わたしは義母に対して、もっとしてあげられることがあったのではないかと、疎遠だっただけに今も負い目を感ずる。

義母は後半生を気丈に生きた。48歳で別居と同時に上京。それまでの生活をまっさらにして、女手ひとつで息子3人を私立大学や大学院に通わせた。その年齢になったとき、わたしに果たしてできるだろうかと自問自答して、義母をそれまでとちがった目で見られるようになった。

あるとき、義母が住んでいた東京・板橋区の家を見に行ったことがある。坂の途中にある小さな古ぼけた家だった。上京した義母は、それまでの仕事も家も捨てて後半生のスタートをここで新たに切ったわけだが、この家でどのように自分を鼓舞したのだろうか。あたりは工場と住宅がまじり合っていた。住みにくくはないが雑然としたさみしい町だった。その家は義母が義兄の家に同居するとき売り払われたが、買い手がつかなかったのか、空き家のままになっていた。

夫が幼少期を過ごした郷里の家にも家族で旅行がてら行ったことがある。県庁所在地といってものどかなところで、駅から歩いて15分程すると、その家はあった。コンクリート建ての広々した日当たりのいい家だった。今は歯医者さんの家族が住んでいるという。あたりは学校や公園がある静かな住宅地である。

この日当たりのいい家から坂の途中のわびしい家に引っ越してきたとき、義母はどんな気持ちだったのだろうか。義母は自宅を塾にして近所の子を集めて教えていた。元教師で辣腕《らつわん》の進学指導を誇っていたので、なかなかの隆盛ぶりだったらしい。昭和40年代、塾が台頭し始めたころである。離婚したのは、ずっとあとだった。息子たちの結婚や就職に差し支えないようにと離婚に合意しなかった。

義母が離婚した翌年、復氏制の法律が成立し、離婚しても夫の姓を名乗るか自分の姓に戻るか選択できるようになった。それ以前にこの法律があれば、義母はもっと早く離婚に合意していたかもしれない。そうすれば、夫の記憶に残るような、実質的には壊れているのに結婚しているかのような取り繕いをしなくてすんだはずだ。

そういう複雑な事情をかかえている家族の3男の嫁であるわたしは、無邪気に「事実婚をします」と宣言したのである。なんという歴史のアイロニー。結婚制度のなんという皮肉だろうか。義母がこだわったものを、わたしはいらないと言ったわけだ。

義母は事実婚に対して何の意見もさしはさまなかった。その後、夫が娘たちを婚外子にしないために入籍し、わたしの姓を名乗ることになったときも何も言わなかった。疎遠なまま言いたいことは墓場に持って行ってしまったのである。

作家の曽野綾子さんはエッセイ『中年以後』のなかの一章、「親を背負う子」のところでこう書いている。

「親になにもつくさなかった人は、見ていてもぎすぎすした生活を送っているように見えることが多い。親と最後までできる限り付き合って来た人には、その点、運命の自然の恩《おん》寵《ちょう》を感じることがある。やるべきことをやった人、というのは、後半生がさわやかなのである」

この言葉が刺《とげ》のように突きささった。わたしはできる限り、双方の親から仕事を理由に遠ざかろうとした。そうすることで得た自由とは何程のものだろうか。寂寞《せきばく》とした思いにひたることがある。わたしの父は出張先のホテルで脳梗塞《こうそく》で亡くなった。63歳の早すぎる死だった。こうして残ったのは母だけになった。

わたしは母に長いこと葛藤《かっとう》をかかえていた。それが解決したわけではないが、今は母のめんどうは見られるだけ見ようという気になっている。義母から目をそむけていたことが、ひどくうしろめたいのだ。中年期にさしかかり、そんなことを考えていたとき会ったのが、幸子さんだった。

幸子さんが姑のキクさんを引き取ったのは、独断である。中学校の卒業式の日に「家出」した夫武彦さんは、生母にもかかわらず姑とは気が合わなかったから、引き取ることにも介護することにも消極的だった。

にもかかわらず幸子さんは引き取った。

「キクさんのひとり暮らしのようすを見て、ほっとけないと思った」からである。武彦さんのきょうだいは5人いたが、だれも介護を名乗り出るひとはいなかった。

引き取ったとき羽成さんの家には15歳の長女、13歳の長男、11歳の次女、9歳の3女がいた。それから足かけ7年、骨折から寝たきりになったキクさんを介護した。

「わたしが49歳のときキクさんが亡くなりました。その後『介護の達人』を書いて、講演などにも呼ばれるようになって51歳からちがう人生ですね」

介護をしているときから、割り切っていた。

「介護を断るのにも、引き受けるのにも同じエネルギーがいる」

それなら引き受けようじゃないかと肝がすわっていた。

ほかのきょうだいはあてにしなかった。毎日のおむつ代300円をきょうだいから徴収したのは「キクさんのことを忘れてほしくないから」であって、交代でめんどうを見てくれとは強要しなかった。武彦さんにも同じスタンスだった。

その代わり、介護保険がなかった当時から、行政の戸は叩《たた》いて、入浴サービス、ショートステイなど、利用できるものはすべて利用した。利用したのは、自分がやりたいことをやるためである。

何しろ趣味が多彩で、勉強したいこともたくさんあるのだ。

それも種々雑多。玉石混淆《こんこう》というか、おかしなひとなのである。ずっと玉川大学通信教育部の学生で、今は日本大学通信教育部で哲学を専攻している。すでに17年も学生証を持っている。そのほかこんな趣味や資格がある。

薙刀《なぎなた》一級。

着物着付けコンサルタント。

セミのぬけがら鑑定士。

さらに腹話術、組み紐《ひも》、三味線、ギター、香道、皿まわしなどなど……を習った。武彦さんに言わせると、こういうことになる。

「したたかに自分がやりたいこともやっていましたね」

介護による自己犠牲とは無縁の精神だったのである。たとえば夏期スクーリングが1週間あれば、介護しているキクさん本人に頼む。

「1週間程勉強したいから、ショートステイ入ってくれる？」

「いいよ。そんなに勉強したいのかい」

「じゃあ、福祉課に連絡しておくね」

「わかったよ」

とまあこんな具合に息が合っていたらしい。じつは幸子さんは、結婚するまで「人生の荒波にもまれてきた」経験がある。若くして車椅子《いす》のひとになった父を支えて、父の材木商を手伝い、2トン車を運転し、銀行と駆け引きする辣腕の娘だった。母はお嬢さん育ちで、そういう荒くれたことはできなかった。のちに家を継いだ弟はまだ高校生だったから、幸子さんは介護をしながら、社会の矢面に立ったわけだ。

祖父母の介護も10代のころからしていた。

この若いときのしんどさから比べれば、キクさんの介護など、何程でもないと、この人生の達人は思ったのかもしれない。それにしても、あえて火中の栗を拾うような雄々しくも潔い態度である。

わたしのまわりを見まわしても、介護やらNPO活動などを背負うのは人間的度量のあるひとばかり。人生は背負えるひとに重荷を背負わせるのだろうか。

『介護の達人』には泣き言がない。行政への憤りもない。肉親への恨みつらみもない。「やるべきことをやったひと」の爽《さわ》やかさだけがある。

幸子さんのこういう介護の仕方は周囲では早くから知られていたらしく、近隣の公民館などで講演する機会はふえていった。そうこうしてキクさんが亡くなって、それまでの経験を本にまとめることになり、人生の転機が訪れたのである。

夫が自営業を閉じて、妻が世帯主になるまで

幸子さんはこう言い切る。

「今がいちばんいい人生です」

武彦さんもかたわらでうなずく。

長女は結婚して子どももできた。長男は独立した。次女、3女は同居しているが、それぞれ働いている。親の務めは終わったのである。

後半生、夫は稼ぐひとから降りて、ふたりともやりたいことができる人生になった。お金はないけれど。でも幸子さんは貧乏など怖くない。

「庭には野草があって天ぷらにすればおいしいし、トマトやきゅうりも食べられないくらい育っています。安い魚のあらを煮て、ひと袋100円のくずじゃがいもを買えばお腹いっぱい食べられますよ」

4人の子を育てた母は料理も達人である。加えて、エンジニアだった武彦さんはメンテ

ナンスの名人。モノ作りも得意。電気製品の修理は当然のこと、網戸を張り直し、テーブルや棚を作り、家中の補修をする。

こういうふたりだからこそ、こう言えるのだ。

「いずれふたりでもらう国民年金が月13万円だそうですが、余ると思いますよ」

この言葉にも、わたしはしびれた。そのころ、子どもの学費をどうするか、自由業のわたしたちは老後どうなるか、にわかに不安が広がって、打ちひしがれていた。そこに「喝《かつ》」を入れるような幸子さんの言葉だったのである。

「今度、わたしが世帯主になりました」

この本の取材をあらためて申し込むと、晴れやかな声で幸子さんはそう言った。

「もっとも年収は200万くらい。いずれもらえる年金より少し多いくらいですけどね。それで十分なんですよ」

経済的自立にこだわって生きていたわたしが脅《おび》えていることを、専業主婦歴30年の幸子さんは、いともやすやすと打ち砕く。収入なんか減っても、これまで培ってきた生活力をもってすれば、暮らしのコストを抑える技術はあるはず。そう思うと、にわかに元気になったわたしである。

羽成さんの家は、小田急線の厚木駅からバスで15分。曲がりくねった細い道路をあがった中腹にある。高台にある住まいは、風通しがよかった。

リビングは以前取材でうかがったときより、広くなっていた。キッチンとの間仕切りを取って三方の見晴らしがよくなったためである。

どうやら幸子さんは、有能な主婦がそうであるように、しょっちゅう配置換えをして機能的でいごこちのいい家を工夫しているらしい。配置換えをすることで気分はリフレッシュする。そのつどいらないものが目につき、捨てられる。ああもしよう、こうもしようという意欲が満ちあふれてくる。そういう風通しのよさが感じられた。フローリングの床がひんやりして気持ちがいい。

リビングには、武彦さんの手作りのオブジェのような棚や小テーブル、壁かけなどがセンスよく置かれ、使い込まれた木のダイニングテーブルに似合っていた。

その生き方と同じく、一切の無駄を省いた、合理的で、徹底したシンプルライフの実践がそこに感じられた。

リビングから見える庭は狭くて雑然と草花が生い茂っていたが、それがまた「野草を天ぷらにするとおいしいのよ」という言葉を裏づけた。


パートナーの武彦さんは自営業者だったが、2年前、機械設計製造業を廃業した。現在60歳である。幸子さんは54歳。武彦さんは自宅から車で15分の山の中にある小屋で、拾ってきた雑木や枯れ木や流木でモノ作りをしている。武彦さんからも話を聞きたいとあらかじめ言っておいたので、確認のために幸子さんが電話をしてくれた。

何度かならしてようやく出た武彦さんに、幸子さんは闊達《かったつ》に話しかける。

「生きてた?」

「ああ」(とかなんとか答えている気配)

「川で転んで死んだかと思った」

「……」

「はいはい。じゃあ、あとでね」

武彦さんの仕事場は山の中腹にあり、あたりには熊やウサギや鹿や猪など野生動物が棲《す》みついている。そんなところでひとりぼっちでいるのだから、川に足をとられて流されているかもしれないし、冬なら熊や猪に襲われてしまうかもしれない。そういう危険がないとは限らないと、幸子さんは真顔で言った。

そうやってできた武彦さんの「作品」は、厚木の空店舗対策でつくられたレンタルボックスに出展されているが、ほとんど売れない。だからほとんど収入はない。

そして代わって世帯主になったのが幸子さんである。

こちらはもっぱら講演料や執筆料が収入である。なんにでも目的意識を持ち、おもしろがる幸子さんは、講演に呼ばれて全国都道府県制覇を企てている。目的達成まであと半分だと楽しそうに言った。

「夫もわたしも隠居仕事なのよ」

朗らかにそう言った。講演活動も、もちろん口コミ。一切宣伝したこともなければ、企画を立てたこともない。呼ばれれば喜んで行くというスタンスである。講演料の交渉もしない。講演料はお布施と割り切っている。

それでもわたしは、幸子さんがはじめて会ったときより自信がみなぎり、元気そうになっていることに気づいた。やはり、ひとは求められると、元気になる。たとえ幸子さんのように、あえて働かず、自分で自分の元気のもとを探し出してきたひとでも、社会に求められる「仕事」があるとやっぱり張り切るのだと思う。

幸子さんの声は、少し甲高く張りがある。肩までで切ったボブにはパーマがかかっていない。まっ白で健康そうな歯。あまり化粧をしたことのない皮膚はなめらかで、つやつやと光沢がある。背筋がまっすぐ伸びている。

そう、とても健康そうなひとなのだ。

黒や白やアースカラー系のコットン100パーセントらしいTシャツの重ね着に、着やすそうなくるぶしまでのロングスカート。

「買い物をしたくないの。欲しいものはないし。買い物ってそれ自体が労働でしょ。めんどうなのよね」

カラカラと笑い声が響く。講演することで元気にはなっているが、ライフスタイルは頑固にみじんも変えない強い主婦がそこにいた。

わたしが幸子さんにもうひとつ感心したのは「学費」のことである。以前にこう言ってわたしを仰天させた。

「4人の子にはそれぞれが18歳のときに100万円を渡して、『これで学費はおしまい』と宣言しました」

このことを今回くわしく聞いてみた。

大学生になった子どもに教育費がかかるがどうするかで、フリーランスの夫と険悪になったわたしからすると、幸子さんたちの腹のくくりようは尋常ではない。わたしの友人知人の一見のんきそうに世渡りしてきたフリーランサーたちも、こと教育費に関しては「離婚した元夫から出させた」だの「学資保険をかけている」だの「郷里の親に泣きついた」だのと、あの手この手で情けないやらいじましいやらの方法で工面している。

しかし18歳でひとり100万円でオーライとなるとどんなに気が楽か。

今どきの親は「教育費がかかりすぎるから」と産み控えているというデータがあるが、羽成家方式なら恐れることは何もない。

「小遣いを与えるという習慣がないわが家では、子どもが15歳になったときに『15年間育てさせていただき、ありがとうございました』と親がお礼を言って、子別れ式を行い、金一封10万円と母子手帳と印鑑を渡しました。子どもにはその後18歳で進学費用を100万円だけ渡しました」

子どもたち4人は、すべり止めの私立高校を受けても費用は出さないと言ってあったので、全員自分たちが受かる近くの公立高校一本で受験したという。

その後のおちがすごい。実力で楽々入るところだから、その高校で成績上位をキープした4人の子は、大学や専門学校の奨学金が受けられる内申ラインをクリアできたのである。奨学金まで深謀遠慮して実力相当校に入ったかどうかはわからないが、とにかく4人とも奨学金を受け、それぞれの実力に合った大学や専門学校に進んだ。

なんというあっぱれな態度。ちなみにわが家の高校生の娘ふたりに、羽成家の教育方針を話したところ、「そんなあ」と憮然《ぶぜん》とした。

羽成さん夫婦は、長女の結婚式のときも、「お祝い金」を包んで列席しただけ。あくまで招待客だった。

しかも感心するのは、そういうシビアな親なのに、4人のきょうだいは親たちにきわめて寛大で家族仲がいいのである。

「うちの親のようなひと、ほかにいないよね」

と言いながら、今でも夜明けまで「やりたいことや、今やっていること」を夢中になってしゃべり合うような家族である。

飄々とした風貌《ふうぼう》の武彦さんいわく、

「ぼくなんか下の娘が落っこちた大学も学部も知らないものね」

いい意味での自己責任を貫かせているのである。

しかし今回お話を聞いて、幸子さんと武彦さんが、決して世渡りが上手ではなく、お金をないがしろにしてきたわけではないが、稼ぐことがむしろ下手で、お金を人生の目的とはしてこなかったことを、子どもたちが深いところで理解していたから、教育費を出さないことに不服はなかったのだと思った。

人生の荒波を早くにかいくぐった妻とモノ作りの好きな夫と

人生後半で、妻世帯主、夫自由業というライフスタイルに踏み切るまでには、やはり長い長いプロセスが必要だった。

決して一朝一夕に、役割交代がスムーズになされたわけではない。

幸子さんと武彦さんが出会ったのは、幸子さんが愛読していた発明特許の新聞へ広告を出したのがきっかけだった。「お嫁に行きます。条件は、結婚後、大学進学をさせてくれる方」

破天荒な釣り書きに応じてきたのが武彦さんをはじめ二十数人。

そのなかでなぜか武彦さんだけ電報だった。電報という連絡方法に価値観が合った。

武彦さんはそのとき30歳。中学卒業と同時にひとり暮らしの祖母の家に家出。以来、夜間高校を苦学して卒業、その後、工学院大学に進むが、仕事が忙しくなって中退したという。履歴だけ読むと苦労人であるが、本人は小さいころから「機械いじりが大好きで」なんでも分解してしまうという少年だったから、大人になって中小企業の工場で「新しい機械」を造ることに少年のように胸をとどろかせていた。

一方、幸子さんはしたたかに「世の荒波にもまれてきた」。

「老けたひとだな」

武彦さんが幸子さんに会ったときの第一印象である。小柄で少年ぽさの残っている武彦さんは他人の飯を食って苦労していたはずだが、工場の社長には目をかけられ、そのころにはすでに独立していた。大手企業や官庁の下請けの仕事が多く、「こんな機械が欲しい、こういうものを造れないか」という注文を夢中になってこなし、仕事に驀進《ばくしん》していた。いつも「新しい機械」の設計に夢中になっていた武彦さんは、どこか世間離れしているひとでもあった。

それに対して、幸子さんは、10代のころから祖父母、そして実父と、介護をしてきた。実家の商売を背負い、したたかに働いてきた。商売をして借金の怖さを知り抜いていた。だからこそ専業主婦をしながら「大学に行って、思う存分好きなことを勉強したい」と思ったのである。

「見合いの日、ふたりでしゃべりまくって、その後数回会っただけで結婚式を挙げました」と武彦さん。やりたいこと、したいことが今も昔も「山ほど」あるふたりは、方向性は別々だが、資質的に似通ったものを感じたのかもしれない。

「わたしたち、結婚に向いていなかったわね」

「そうだな」

ふたりは苦笑まじりに笑った。そして幸子さんがつけ加えた。

「結婚していたことを忘れていたって言ったことがあるわよね」

そう言うと、武彦さんは白髪まじりの髪をなぜながら、どこかシャイな少年のようなはにかんだ笑みをうかべて応じた。

「結婚していたことを忘れていたって、言ったこと、あるよ」

ときは70年代。男たちは仕事に埋没していった。武彦さんも例外ではない。次から次へと来る「新しい機械」の注文に、武彦さんは昼夜をわかたず働きに働いた。

「夢中になると何もかも忘れちゃう、『まるで競走馬だね』とよく言われましたよ」

仲間うちでもその仕事ぶりは知られていた。人手は足りなくて、次々人を雇った。あまりに忙しくて、仕事場のそばに家を借り、賃貸アパートに住む家族のもとに帰って来なかった。生活は不規則で、長時間労働のあいまに酒を飲んだ。ご飯はあまり食べなかった。そのころの不摂生とストレスから糖尿病になって二十数年、武彦さんはやせていて、歯が欠けている。武彦さんの風貌を見て、70年から80年代を駆け抜けた男たちの激しい日々を思った。

幸子さんは4人の子を女手ひとつで育てたようなものである。

「25歳で結婚して、4人の子ができました。その間、自営業の夫の経理もわたしがやっていました。わたしたちは背中合わせに闘っていたんです」

結婚に際しての「大学進学」の希望は自然消滅した。何しろ、子育てに追われ通しだった。4人目を出産するときは、病院にひとりで車を運転して出かけた。

お産をした翌日には、次女が熱を出し、ガウンを引っかけて家と産院を車で往復した。

「われながらよくやったと思います」

退院して帰宅しても孤軍奮闘はつづく。

産後の体調不良。赤ん坊の世話は3人の子どもたちがした。6歳の長女がおむつを替え、4歳の長男が風呂に入れ、2歳の次女がミルクを飲ませた。

「ふつうのひとなら別れたと思います」

かたわらでとぼけた表情で聞いていた武彦さんが、呟《つぶや》くようにこうつけ加えた。

「でもぼくは今回の廃業宣言の前にも、3年間仕事をしなかった時期があるんですよ。3女が3歳のとき、仕事がしんどくなって3年くらい遊んでいたんです。忙しすぎて個人でやる仕事の限界を超えてしまったんです」

1回目の休業のときも今回の廃業と同じく、幸子さんは肝がすわっていた。

「やめれば」

あっさり応じた。

そして今回の廃業については、こんな思いもあった。

「馬車馬のように走りつづけてきた夫です。走りつづけたまま人生を終わってほしくなかった。長年つき合っている糖尿病は、言い換えれば、今まで命を削って仕事をしてきた利息です。わたしたちは夫婦というよりお互い裸一貫で闘ってきた戦友のような気もします。

子どもも成人して親の役目は終わったのですから、仕事を降りて、自分の好きなことをしてから人生を終えてほしいと思ったのです」

武彦さんへの深いいたわりが感じられる言葉だった。

しかし、なぜ、あっさり休業や廃業をＯＫできたのか。

「わたしにとって借金がないのはプラスなんです。借金を恐れているから、たとえ1000万円収入があっても使えるのはその10分の1と思って家計を切りもりしてきました。あとで税金や借金を払わなければいけなくなるから、入ってきたお金はほとんど定期預金にして崩せないようにして、残りを生活費にしてきたんです。だから借金をしないで、預金を食いつぶしていく生活は、すごく楽しかったですね」

借金のない生活を今、謳歌《おうか》しているのだ。

シンプルライフは今始まったわけではない。借金つづきの自転車操業を余儀なくされた自営業者の生活で身についたのだ。

野草の天ぷらや、パンの耳を揚げて砂糖をまぶしたり、食パンにチーズとトマトをトッピングしてピザふうにしたりと、徹底して節約した。

子どもを育てているときは、ぎりぎりの生活費しか下ろさないから、「お金がないから銀行に行って借りてくる」こともしょっちゅう。普通預金の残高がなくなると、定期預金から借金したのだが、武彦さんは幸子さんのその言葉を聞くと「もっと稼がなくては。おれ、がんばるよ」と言ったという。武彦さんはお金に関しては無頓着で、幸子さんに任せ切りだった。

そういう夫が「新しい機械」を造るために借財をするのではないかと、妻としては内心ヒヤヒヤしていたのだ。だから今回の廃業宣言には大賛成なのだ。

3年間の休業があったから深まった家族のきずな

しかし育ちざかりの子が4人いて、預金を食いつぶす生活をできたのは、やはりふたりの破天荒さと、自営業らしく「また仕事を始めればいいさ」という覚悟が定まっていたからにちがいない。もしかしたら幸子さんは、貧乏することもできるし、いざとなればわたしが稼ぐわ、という覚悟もどこかでしていたのではないだろうか。

1回目の休業をした3年間は充実していた。

「楽しかったですね。オーストラリアにも家族全員で1ヵ月、貧乏旅行をしました。丹沢の山の中に連れて行ったり、あちこち家族いっしょに出かけましたね。鮭《さけ》が川を登っていくのを見せたいと思いついた翌日の飛行機で北海道に行ったこともありますよ。地域ではドッジボールのコーチになって、よその子の世話をしていました」

武彦さんは目を細めて回想した。リビングにはオーストラリアに家族6人で行ったときの写真が飾ってある。子どもたち全員、日焼けして元気そうだ。家族の黄金時代である。武彦さんは髪の毛を伸ばして、今より太っている。

3年間の濃密な父と子の触れ合い。もしかしたら、この3年間がないと、さすがの武彦さんと幸子さんの夫婦でも、今のような夫と妻の役割交代もスムーズにいかなかったのではないだろうか。

「いざとなれば子どもたちがわたしたちを養ってくれるでしょう」

そうさらりと言ってのけられるのも、3年にわたって「子どもと向き合い、ひたすら子どもたちと遊んだ」時間があったからではないだろうか。家族に背を向けて、子どもや家族のためと言いながら仕事に没頭していただけでは、子どもの信頼を勝ち得る父親になることはできない。

子育ては時間でははかれないと言うが、子育てに費やす時間は必要だと思う。3年間で父と子のパイプができた。そして子に愛情をそそぐ武彦さんのようすを見て、幸子さんも、それまでのことを許容する気持ちになったのではないだろうか。

武彦さんが必ずしも介護に積極的でないのに、幸子さんがキクさんを引き取ることを決意したのは、武彦さんの家族への愛情を信じられたからにちがいない。

「介護してくれたことをどう思いますか」

直截《ちょくせつ》なわたしの質問にあいまいな表情をうかべたままの武彦さんだった。でも愛憎相半ばする母親だったとはいえ、ほったらかしにせず、家に引き取り、最期までめんどうを見てくれたことは、このシャイで繊細そうな武彦さんの心のなかになんらかの影響を及ぼさなかったはずはない。

ふつう子育て繁忙期には、子どもの塾代や学費を稼ぎ出すために、妻はパートに出るなどのかたちで現金収入を得るほうに向かうだろう。そのときに、一銭にもならないキクさんを「見捨てられなかった」のは、すごいことである。

もっとも、しっかり者の幸子さんは、賃貸アパートに住んでいたころから土地だけは購入しておくという用意周到さではあった。その土地はローンを払いつづけただけで住まなかったけれど、その土地を売って頭金にして現在の住まいを手に入れた。もちろんローンはその後も払いつづけた。

このように武彦さんと幸子さんは互いに無数の相手に対する「感謝」や「ありがたみ」を蓄積することによって、それぞれ自分がやりたいことをやれる自由を手に入れたのである。

「今がいちばん幸せですね」

ふたりの感慨は同じである。

流木を拾ってオブジェを作ったり、枯れ木でテーブルを作ったり、生涯を「モノ作り」に捧げてきた武彦さんは、今もモノ作りに励む。売れようと売れまいとお構いなし。しかも元手がかかっていないから借金なし。そのことが幸子さんの気分を軽くしている。

やりくり上手の妻の、最近の趣味は「つぎあて」である。その妻に、車の修繕からペンキ塗り、網戸の補修、電気器具の手入れなど、お手のものの夫とくれば、お金がかからない生活は実現できる。

ふたりは互いに干渉しない。

幸子さんが世帯主になろうと、それは変わらない。旅行も別々に行く。たまにいっしょに出かけても、電車のなかで座る位置までちがう。見たいものも食べたいものも別だということはわかっている。

テレビも別室で見たい番組を見る。

昼間は、武彦さんは山のなかの仕事場で過ごし、幸子さんは講演に行ったり、長年の趣味である歌舞伎を見に行ったり、あまたある趣味をしたり、通信教育の勉強をしたりと好きなことをして過ごす。

ちなみに子どもと観劇に行くときでも現地集合、現地解散が基本。あくまで独立独歩の家族なのである。

しかし、夕食のあとなどに、自分が経験したこと、これからやりたいこと、やろうとしていることを猛烈にしゃべり合うのは変わらない習慣だ。

幸子さんが現在めざしているのは「介護され上手」である。

「高名な心理学者のことを学びましたが、そのひとは共感とか思いやりをだいじにしたカウンセリングを提唱しながら、自分の妻の介護からは逃げているんです。やっていることと言っていることがちがうひとは多いんですよね」

そうだと思う。

「愛を説くひとが、2時間、鼻水をたらした老人といっしょにいられるとは限らない。ひとりのおじいちゃんやおばあちゃんと向き合えるひとはえらいと思うんです」

わたしもできるかどうか自信がない。それにしても幸子さんや武彦さんのような市井《しせい》のひとの努力に支えられて、日本という国は経済大国になったのだとしみじみ感じた。そういうふたりが国民年金を13万円しかもらえない現実に、やはり同じ自由業者のわたしは憤りを覚えずにいられなかった。

しかし達人は「お金はだいじにしているけれど、執着はない。追いかけもしない」と淡々としているのである。

「結婚に向いていない」ふたりが、自分に合うパートナーを見つけて、世の荒波をかいくぐってきた半世紀を思った。

Story 4

事実婚を貫いて、わたしたちはハッピーです

お話をうかがったカップル

福島瑞穂さん（妻）
1955年宮崎県生まれ。東京大学法学部卒。弁護士をへて、参議院議員。取材時、社民党党首。夫婦別姓選択制、婚外子や外国人差別の問題に取り組む。著書は『楽しくやろう夫婦別姓』（共編著・明石書店）、『あれも家族これも家族』（岩波書店）など多数。

海渡雄一さん（夫）
1955年大阪府生まれ。東京大学法学部卒。弁護士として、環境問題、刑務所における人権問題などに取り組む。

ふたりの間にはひとり娘がいる。

議員になっても、家族がだいじは変わらない

「子どもが自立したら、わたしたちは時々会って『あーらお久しぶり』と言うようになるかもしれない。娘はわたしがいなくなったらパパとママは仕事ばっかりしているんじゃないのって心配するのよね」

でも、今は、毎日毎日、高校生の娘のために、社民党党首（※以下すべて取材時の肩書）で参議院議員の福島瑞穂さんと超多忙の弁護士のパートナー海渡雄一さんは、どちらかが必ず夕食をいっしょに取れるようにすっ飛んで帰宅している。

「娘は親といっしょに食事するのを楽しみに待っているんですよ」

弁護士から、参議院議員に5年前に立候補。今や社民党党首として活躍する瑞穂さんだが、なんと娘の赤ちゃん時代から変わらず、朝食はいっしょ、夕食もできるだけいっしょの生活をつづけているのだ。

「海外出張は無理だけれど、地方の講演などでは、必ず日帰りにしているのね。もし、そ

の夜遅く帰って娘が寝てしまっていても、朝食はいっしょに取ってしゃべることができるでしょ。できるだけ講演のあと宴会をしたり、飲み歩くようなおつき合いはしなかったの。でも、そういうことをしていたら体を壊したかもしれない。だから仕事をかなりしつつ、娘と朝晩おしゃべりして、家族をだいじにすることができて、ラッキーだったと思うのね」

わたしも娘たちが中学生のときまで、夜7時に夕食をいっしょに取るようにしていたが、日本のように厳しい労働環境では、社会から孤立してしまう閉塞《へいそく》感があった。メールをすれば瞬時に職場からメールが返って来る。深夜にオフィスに電話すると、大勢の編集者のざわめきが聞き取れる。そして時間構わず届くファックス。この回線の向こうでみんなまだ仕事をしているんだと思うと、取り残された気分になったものだ。

ワーキングマザーの孤立感は根深い。でも、瑞穂さんは弁護士時代も議員になってからも、「子育てを優先」のライフスタイルを維持してきた。そのために、どれほどの会議やつき合いや打ち合わせやパーティーをはねのけなければならなかったことか。

それは強い意志がないとできないことだ。

「でも、もう娘も高校生だから、外で待ち合わせて夕食を食べることもできるしね。テイク・アウトの食品を買って帰るなんてこともするし、作ると言ってもかんたんなものなんだけれどね。わたしの暮らしは平々凡々なんですよ」

瑞穂さんは淡々とそう言うが、平々凡々な生活をするために、どれだけ努力しているか。胸が熱くなった。

わたしの家族は今バラバラに食事をすることもしょっちゅうだ。高校生の娘ふたりの生活にわたしの仕事やパートナーの仕事の時間を合わせるのは至難の業《わざ》である。おまけにパートナーとの仲が険悪になってからは、連絡を密に取り合うのもめんどうで勝手に娘たちと食べてしまうことも多い。そしてやってみるとけっこうそれが楽だったりする。多分パートナーもそれによって自由になったにちがいない。無理して夜7時を厳守して、わたしたちは互いを拘束しすぎて、結局、バーンアウトしてしまったような気がする。

じつは以前に、瑞穂さんには何度か取材したことがある。「相続」や「離婚」についての法律相談ということもあれば、「女友達」のようなテーマだったりもしたが、いつでもたいてい時間を繰り合わせて取材に応じてくれた。

そのときはひとり娘はまだ幼いころで、弁護士同士の瑞穂さんと海渡さんは「帰れるほうが帰る」というやり方で、子どもを保育園に迎えに行って夕ご飯を食べさせているという話だった。保育園も帰宅時間はかなり融通がきくところだというし、ときに友人のところで夕食を食べさせてもらうこともあるという。

それを聞いて、「わたしたちのほうが夜7時家族全員集合でやっている」と思ったのはなんという傲慢《ごうまん》さだったろうか。むしろ互いに融通し合ってフレキシブルに、頼れるところはまわりに頼って子育てしたほうが、結局はライフスタイルは変えずに継続できたのかと感慨深かった。

「だからわたしたち、結婚の第2ステージと言われても、変わっていないんだよね」

瑞穂さんはちょっと困ったように言った。そのことは事前に秘書の方からも「お嬢さんはまだ自立していませんが……」とくぎを刺されていたが、「事実婚」のカップルはその後をどうしているか聞きたくて、強引に取材をお願いしたのである。

瑞穂さんと海渡さんは学生時代からの友人で、その後、いっしょに暮らすようになり、出産しても、ずっと「事実婚」を貫いてきた。そして瑞穂さんは弁護士時代から「結婚して籍が変わり、姓が変わるのは不都合だ。日本の場合、結婚の際にどちらかの姓を選ぶと言っても、圧倒的に女性が男性の姓に変わる慣例のなかで、女性にさまざまな不都合が生ずる。それぞれの姓はそれぞれのまま結婚できる制度に変えるほうがよい」と主張し、事実婚を社会全体にアピールしてきた。

そして法制度一歩手前までいったのは、瑞穂さんの明るく朗らかな態度と果敢な行動力に、自身も実践しているという強みがあって、国民的盛りあがりになったからだと思う。

じっさい瑞穂さんは弁護士時代から親切だった。忙しくても、取材に時間を割いてくれた。求められればできる限り応ずるという態度で仕事をするひとが政治家になって、いっそう多忙になったはずなのに、今も変わらぬライフスタイルを維持しているのだ。

瑞穂さんがその気さくさと率直さで友達の層は厚く、友人知人から絶大な信頼を得ていることを感じていた。

率直で誠実で親切という人柄のよさが、今の瑞穂さんをかたち作ったのだ。瑞穂さんはあずかり知らないことかもしれないが、じつはわたしがフリーランスライターになって初の本を書くことになったきっかけは、瑞穂さんの友人のつてだった。瑞穂さんがある編集者から「だれかいない？」と頼まれ、その友人に声をかけて、その友人がわたしを紹介してくれたのである。フリーランスとしてスタートを切ったものの心細いわたしのはじめての単行本の仕事であった。だから、わたしは瑞穂さんとその友人と、瑞穂さんに頼んだ編集者を今でも恩人だと思っている。その編集者とはじつに長いつき合いとなった。そのようにひととひとをつなぐ労を惜しまないのが瑞穂さんだった。

そして「人間関係」に思いやりを持つのは、じつはプライベートの関係でも同じであることを今回知った。

「パートナーの母は今関西でひとり暮らしなのよね。そして娘とパートナーの母は、毎日、電話で話をしているのよ。お正月や夏休みにも家族で会いに行くしね。とってもいいひとなのよ」

海渡さんの母に娘は毎夕電話をかけているという。また、戸籍上、嫁でもなんでもないひとが、正月や夏休みにも関西の母のところに行くというではないか。仕事仲間だけでなく、家族も大切にするからこそ、事実婚をこれまでつづけてこられたのだろう。

わたしのようにはじめから敵愾心《てきがい》いっぱいに、周囲に事実婚を宣言し、いたずらに混乱を招くようなことはせず、受け入れられ理解されて実現した事実婚だったから、瑞穂さんは自信を持って夫婦別姓を法制度化しようというムーブメントを起こせたのだ。

事実婚を貫く瑞穂さんたちカップルだが、プライベートライフは互いにカップルが協力し合う共働き家庭そのものだった。弁護士から参議院議員となっても、娘さんが赤ちゃんから高校生になっても、そのつどフレキシブルに対応してきたが、そのライフスタイルは首尾一貫している。

事実婚という「互いを束縛しない対等な関係」を守りながら、ふたりで子どもを育てるという堅実でまっとうな生活をしてきた。一面では、ふたりは「事実婚」だから、まわりを理解させ、娘にも負荷がかからないように細かな心配りをしてきたと言える。

とまあ結論を先に書いてしまったが、瑞穂さんの現在の生活を、もう少し語ってもらうことにしよう。

「ウイークデーはわたしのほうが多めに娘と食事するために帰宅しているのね。でも、わたしは講演や何かで土日に仕事があることが多いのね。保護者会とかは土日にあることが多いから、そういうところにはパートナーが出ることが多いのね」

このペースも赤ちゃん時代から変わらない。驚くべきことに、あいかわらずふたりは私鉄沿線の同じマンションに住みつづけ、家事育児を分担して、お手伝いさんとか家事サービスを頼んでいない。

ひとりっ子の娘は、いつも尋ねる。

「どちらが今日、何時に帰るの?」

9時と言って10時になると「遅い」と指摘する。

「ご飯いっしょに食べたいみたいなんだよね。それで今日あってよかったこと、悪かったことを話すのよね」

ただし、そこでの話題がちょっとふつうとちがう。海渡さんが手がけている裁判のひとつである刑務所における人権問題だとか、六ヶ所村にある「もんじゅ」にまつわる原子力発電所の環境破壊についてだとか、NGO裁判だとか、瑞穂さんが今かかえているイラク新法や有事立法だったり辻元清美さんのことだったりする。

そして娘もこう言う。

「イラク新法反対をやめないようにして」

親のほうも自分がかかえている問題を熱っぽく語る。自分がこれからしたいことやしていることについて語り合う家族なのである。

土日に3人で映画を見ることもある。それはたとえば予知能力のある人間が犯罪を予測して未然に防ぐことの是非をテーマにした近未来映画、トム・クルーズ主演の『マイノリティ・リポート』だったりする。

何しろ高校合格祝いに「芥川龍之介全集が欲しい」と言った娘である。今どきの高校生の恐るべき読書量の少なさを知っているわたしとしては驚嘆してしまう。ロシアのノーベル賞作家ソルジェニーツィンの『収容所列島』を読んで、自由とは何か、父と話し合っているというのである。

「娘とパートナーは内省的人生を送っているの。3人のなかで、わたしがいちばんミーハー。でも父だけだと息が詰まるから、パッパラパーのわたしがいるのが楽しいみたいよ」

海渡さんは時々瑞穂さんをたしなめる。

「娘と同じレベルで喧嘩《けんか》するんじゃない」

家族のことを話すとき、瑞穂さんはいきいきと楽しそうだ。国会での昨今の社民党バッシングでたいへんな局面も多々ありそうだが、そういうものを引きずらないためにも家族と過ごす時間と空間は大切なのだろう。

「子どもがいて、ふつうの私生活があって、わたしはハッピーだったと思うんだよね」

そう瑞穂さんは明るく断言した。

久しぶりに会った瑞穂さんは、オレンジ色のパッと華やかなAラインのワンピースにボレロを着ていた。

「たまにはこういう明るい服を着ないとね」

そうは言わなかったけれど、（永田町のオジサン議員色に染まっちゃわないようにね）と言わんばかりに首をすくめた。インタビューは参議院会館のだだっ広い応接室で行った。

いつもは大勢の記者会見などが催されたり、陳情者の会合などが行われているのだろう。そっけない会議用のテーブルに椅子《いす》が並んでいた。

瑞穂さんは社民党党首として活躍中だったが、取材したときは、社民党は揺れていた。辻元清美さんが秘書給与横領疑惑で再逮捕されて、土井さんは窮地に立たされていた。その土井さんを擁護するようにテレビ画面に写っていた瑞穂さんは厳しい表情を見せていたが、その日は連日の疲れも見せずに、あいかわらず気さくで率直なまま2時間以上答えてくれたのだった。

自分の姓を4歳にして選んだ娘

事実婚を実践することは瑞穂さんにとっても勇気がいることだった。

わたしは事実婚を13年間実践したけれど、出産して3日目に夫がわたしの姓になるというかたちで入籍した。ずっと姓を戸籍上でも仕事上でも変えなかったわけだけれど、事実婚のひとにも結婚制度を遵守《じゅんしゅ》したひとにも、微妙に一歩引くような思いがよぎる。

わたしは事実婚時代も、潔く正々堂々と「事実婚しています」とだれに対しても言うことはできなかった。まだどこか暗いイメージのある同棲という言葉が生きていて、事実婚は同棲と思われるかもしれないと脅《おび》えていた。

目上のひとには「事実婚」をひた隠しにしていた。誤解されたくなかったし、自分たちの状態を的確に表現することができなかったからである。わたしの事実婚は多分に感覚的なものだった。アメリカで当時広がっていたウーマンリブのムーブメントに影響されたのだ。そして目上のひとや仕事上ではひた隠し、気を許した友人たちには「わたしたちは先端のカップルだ」と自慢げに話していた。

30年前は事実婚は少数派だった。事実婚をおおやけにした友人のひとりは、同じ会社にいるパートナーに扶養家族手当がついたと笑っていた。わたしのほうは社内組合の名簿がいきなりパートナーの姓になって、どう抗議していいか戸惑った。まわりも「事実婚」をどう扱っていいかわからなかったので、トンチンカンな対応が多く、そのたびにわたしは神経を尖《とが》らせていた。

事実婚にこだわるあまり、知人にペーパー離婚したひともいる。まだそのころは便利な通称使用がなかった。日本の法律では婚姻しないで出産すると、子どもは自動的に女性のほうに入籍される。父のほうは認知できるが、その場合、子どもは私生児として「子」とのみ登録される。わたしの知人には何人か、出産の直前に入籍して子どもはパートナーの姓を名乗らせてから、自分たちは離婚するというめんどうな手つづきを踏んだ。そうするとまわりからは「ふつうの家族」を装うことができる。

ところで今回、瑞穂さんに聞いてびっくりしたのだが、じつはそんな手つづきをしなくてもよかったのである。

「民法で、子は父と母と姓が異なる場合、姓の変更ができると定められているの。それで娘に4歳のとき、パパとママの姓のどっちがいいかって聞いたら、父親の姓がいいと言うので、姓を変更したのよ」

じつは、瑞穂さんの娘は父親の姓を名乗っているらしいが、それはどのような手つづきをしたのだろうかと前々から疑問に思っていたのである。

なあんだ。そういう法律があるのか。

それにしても4歳にして自分の姓を選ばせる親もあっぱれだが、選んだ子もすごい。ちょうど私立保育園から幼稚園にあがるときだったと言うが、それまでの自分の姓を変えるのに抵抗はなかったのだろうか。

「そのままだと名字のイニシャルがFだけど、父親のイニシャルのほうが好きだから、そちらにすると言うのよ」

とにかく瑞穂さんも海渡さんも、すべてオープンに娘に話して聞かせていたらしい。さらにこんなあっぱれなエピソードもある。

中学2年のとき、担任が聞いたという。

「あなたのお父さんとお母さんはどうして姓がちがうの？」

そのときの答えがふるっている。

「両親は婚姻届を出していないので、わたしは非嫡出子なんです」

先生は「非嫡出子」という言葉に目を白黒させたことだろう。

こんなふうに中学生にして「非嫡出子です」と言ってのけるだけの知識を蓄えていたことになる。それにはきちんとした説明がなされたのだろう。そして堂々と言えたのは「わたしは愛されている」という自信があったからだろう。このエピソードにもちょっと感動した。

これだけの勇気ときちんとした根拠を示すことができれば、わたしも入籍しなかったかもしれない。しかし、わたしは事実婚によって子どもに不利なことが起こるのが不安だった。だから入籍したとき、心のどこかで受け入れ安堵したのだ。

当時の事実婚はそれほど孤立して少数だった。

おどおどしているか、いきなり肩をいからせて力んで事実婚するかしかなかった時代に、明るく元気に颯爽《さっそう》とあっけらかんと実践して見せたのが瑞穂さんだった。瑞穂さんは岩波新書に『結婚と家族』のロングセラーがあるが、雑誌や新聞などメディアを通して事実婚や夫婦別姓の制度を明確にした。

この影響力はすごかった。

「おまえの言うことがやっとわかったよ」

地方に住むわたしの母が、瑞穂さんの書いた「夫婦別姓」の新聞記事を読んでそう言ったくらいである。わたしの両親は恐ろしく頑固に「籍を入れろ」「子どもを産め」と言い張り、会うと険悪になることの繰り返しだった。

それが瑞穂さんの記事で「わかった」と言うのだ。わたしがいくらヒステリックに言っても、断固、主張を曲げなかったのに。

多分そのころから、職場における通称使用は格段に広がりを見せた。事実婚のイメージは前向きでわかりやすいものになった。

肩の力を抜いて、ふつうに子育てすればいい

もっとも、瑞穂さんでさえ、出産するときにはおののきと不安があったという。

「事実婚によって、子どもが何か不利益をこうむるのではないかと思ったの。未婚の母は日本では今だって1・7パーセントしかいない。子どもは婚外子になるわけだから」

でも、海渡さんは言った。

「肩の力を抜いて、ふつうに子育てすればいいんじゃないか。慣れないことを、無理してやろうとするんじゃなくて、やっていけるだけやっていけばいいよ」

子どもにトラブルを背負わせたくない。自分も背負い込みたくない。それまで核家族の次女としてのびのび育ってきた瑞穂さんは、自分がしようとしていることの結果がどうなるか心もとなかったのだ。

「だからパートナーの言葉は救いだったのよね」

こうして瑞穂さんは、事実婚のままシングルマザーとなった。

海渡さんは事実婚をしようとしたときから、瑞穂さんがやろうとしていることを理解して支持してきた。

ところで瑞穂さんはなぜ結婚制度をよしとせずに、事実婚を選んだのだろうか。

「自分らしく気持ちよく生きているのに、なぜわたしが結婚して吸収合併されなきゃいけないの？　なんかヘンと感じたの」

率直な気持ちだった。瑞穂さんと海渡さんは大学の同級生同士。ずっと対等だった。

「奥さんになりたくない。なんでわたしだけ姓が変わるの？　と思ったかもしれない。共同生活でいい。共同生活のほうが長持ちすると思ったの」

事実婚をしたときは26歳。瑞穂さんは司法試験をめざして勉強中の身だったが、海渡さんは在学中に司法試験に合格。弁護士としてのスタートを切っていた。瑞穂さんもアルバイトなどをして収入はそれなりにあったが、そのまま結婚したら「奥さん」におさまってしまうと見られかねない状況だった。

「吸収合併される」という恐れはあったのだ。どうしても弁護士になってパートナーと対等になるという強い意志が、事実婚というかたちを選ばせたのかもしれない。

事実婚したとき、瑞穂さん本人が言うように、

「海のものとも山のものともわからないときだったけれど、直感に忠実でよかったと思う。彼との関係もそのほうがよかったのね」

仕事上でのメリットもあった。

「もし、わたしが弁護士になってパートナーの姓を名乗ると、弁護士の世界は狭いから、何々さんの奥さんということがわかってしまって、やりにくかったでしょうね。別姓のほうが仕事がしやすかったのね」

しかし、それはもう少しあとのことである。

さらに、ふたりは双方の親を納得させることもできた。思慮深く、おだやかな海渡さんは、瑞穂さんの両親の信頼を勝ち得た。率直で明るくやさしい瑞穂さんに、海渡さんの両親はあたたかく接してくれた。

瑞穂さんは次女である。専業主婦の母に大切に育てられた。父はリベラルで、瑞穂さんに本をふんだんにプレゼントしてくれるようなひとだった。家庭環境が不満だったことはない。宮崎県に健在の両親は、瑞穂さんが講演などに来るというと夫婦揃《そろ》って飛行場まで

迎えに来て、講演を聞いてくれるそうだ。お姉さんがそばに住んでいる。そういう日でも日帰りしてしまうが、そんなふうに年に数回は会う。とても仲がよくて、瑞穂さんを応援してくれているのだ。

海渡さんも姉のいる長男である。このお姉さんがさばけたひとで、男女平等的な考え方の持ち主で、弟の言うことを支持してくれたこともあって、海渡さんの実家でも事実婚でもめることはなかった。

そして28歳でみごと瑞穂さんは司法試験に合格。2年の修業をへて独立した。30歳で出産。ふたりは出産に際しては、双方の親に挨拶《あいさつ》している。

「子どもにとっていい家庭を築きます。家族をだいじにして、きちんとやります」

こういう「けじめ」があって、きっと受け入れられるのだろう。

はじめから喧嘩腰で誤解だらけのままスタートしたわたしたちの事実婚は、まわりを振りまわし、自分たち自身も傷つけてしまった。それはわたしたちが親たちへの反発や子どもじみた反抗を内に持っていたから、いっそう混乱したのだ。

「理解してください」という謙虚な態度は、わたしたちにはなかった。

海渡さんは、弁護士として社会的意義のある環境問題や人権にかかわる長期裁判を地道に手がけているが、一方で子育てにはひとかたならない力をそそいだ。

「子どもには家族が必要だ」

という信念を瑞穂さんも海渡さんも持っていた。

「パートナーはすごく子育てにかかわっていましたね。宮沢賢治を毎晩音読してあげていたし、『風の谷のナウシカ』のようなビデオも見せていました。『ナルニア国物語』を1年以上時間をかけて読んであげていたし、ミヒャエル・エンデの『モモ』も読んであげていましたね。娘はパートナーに似た感性で、ふたりは気が合うのね」

仕事でもプライベートでもじっくりと取り組む海渡さんなのだ。

パートナーはわたしのブレーンで、心の支え

事実婚したいとか、弁護士としてこういう仕事をしたいとかやりたいことがたくさんあり、さらに本を書くとか、参議院議員の立候補の話が来ているとか、社民党党首になると

か次々に社会的に求められていく瑞穂さんに対して、海渡さんの態度はずっと変わらなかった。

「わたしが何かやることを期待してくれて、チャンスがあればなんでもやったほうがいいと励ましてくれました。何かしたいということで反対されたことはありません」

ふたりは子どもの成長や、仕事の局面が変わるごとに「微調整」はしてきた。ディスカッションもしてきたけれど、関係は同じというのが瑞穂さんの実感である。

「瑞穂さんにとって海渡さんはどういう存在ですか」と聞くと、こんな返事が戻ってきた。

「子どもにとって、いい父。わたしにとって、いいパートナー。わたしをよくわかってくれている。わたしのブレーンで、心の支え。パートナーはわたしとちがって物事を冷静に分析できるし、客観的ですね。前向きだし、わたしが愚痴をこぼしても火に油をそそぐようなことはしない。社民党バッシングのときも、冷静にこうしたらいいとアドバイスしてくれました。わたしの顧問弁護士です。彼が理解してくれるので心強いの」

ふたりがこれまで長年積みあげてきた信頼は厚い。それは瑞穂さんの率直さやさしさと、海渡さんの沈着冷静さとねばり強さが築きあげたもので、堅牢そのものだ。

「支え合って生きていけるひとがいるといいよね」

事実婚だから、かえってふたりは家族を守る意識が強かったのだ。

ふたりはまた、お金や資産形成にこだわりはない。

「ふたりのお金は基本的に別々。住宅ローンを払ってるのはパートナーで、ガス、水道料金も彼が払っているから、彼のほうが多めに払っているかも。その分、生活費はわたしが払っています」

あとはそのつどどちらかが払っているというおおざっぱさ。子どもは保育園時代はお金がかかったけれど、その後は中学まで公立コースにいた。

「ひとの力を借りて子育てしてきたのね。そういう子育てができてハッピーだった。中学3年のとき塾に通っていたんだけれど、塾に行くときお弁当を持たせるとか、夕方早めにご飯を食べさせることができないでしょ。だから娘の友達のおじいちゃんとおばあちゃんふたりで住んでいる家で、夕方友達と娘が食べさせてもらっていました。おじいちゃんやおばあちゃんにとっても、孫とその友達とご飯食べるのが楽しかったみたい」

そんなふうに助けてもらいながら、助けたひともハッピーになるのが瑞穂さん流の人生の切り抜け方なのである。

ふたりの「お金」の話に戻ろう。

「お互いの財産に関心がないのね」

これが基本である。

「ふたりとも仕事人間だから、働けばお金が入ってくるでしょ。それぞれ貯金してるけど。健康で仕事がつづけられれば満足なの。事実婚だから、彼が死んでもわたしにお金は入ってこないし、わたしが死んでも彼にお金が入らないけれど、娘には行くでしょ。それでいいと思っているの」

さっぱりしたものである。だからこそ弁護士から社民党議員になれたのだ。

「議員になって収入ダウンしました。でも、これまでわたしが払ってきた秘書の給与も、議員手当から出るでしょ。いろんな権限もふえました。そういうふうだから損か得か単純に比較できないでしょ。お金のことを考えないほうが、やりたい仕事はできるのね」

もちろん、この件について、海渡さんは何も言わない。

どうやら、ふたりはリベラルで理解あふれる両親のもと、正義感をむくむくとまっすぐに育ててきたらしい。戦後民主主義で、男女平等になったはずなのに、現行の家族制度は家父長制を色濃く残していることに、ふたりの正義感が強く反応したのだ。

まっとうに育てられたふたりは、事実婚というかたちで次世代の健全な家族のありようを実践して見せたのである。

そして血縁ではない義母や義姉まで味方にした家族や、仲間や友人や幅広いネットワークに支えられて、夫婦別姓の法改正のムーブメントを作れたのだ。

しかし現在は、夫婦別姓反対論者が意外に多く、思った以上に社会が保守的で、せっかくうまくいきそうだった法制度化が頓挫しているが、瑞穂さんたちが、いずれ変革していくことを期待しているひとは、わたしをはじめ多い。

「強者が法律を作っているんです。現在の家族制度で既得権益を受ける強者が多いから、なかなか変えることができないのね」

瑞穂さんと海渡さんは互いの財産やお金は共有していないけれど、「弱者を守る」というオーソドックスな弁護士の本分に忠実で、その「理想」を共有しているカップルなのである。そしてその「理想」を決して曲げることがない。

海渡さんもまた人権や環境をテーマに仕事をしている。「理想」も共有しているふたりにとって「愚痴も冗談も言えて、笑い合えて支え合う家族は大切」なのだ。

どちらが皿を洗うとか、週何回均等に子どもを迎えに行くとか、そういう瑣末《さまつ》なことでトラブルを起こし、険悪になりがちな共働きを、瑞穂さんたちは「互いの理想ややりたいこと」を語り合うことで、しのいできたのではないだろうか。

尊敬し合えて、理想を共有するカップルのすがすがしさを感じた。

「損か得か考えない」

そういう清廉潔白さを公私ともにふたりは貫いているのだ。

そして明るい前向きさ。

「家族がいて、ふつうの暮らしがあってハッピーだったのよ」

瑞穂さんは何回も「ハッピーだった」と形容した。しかし社会的にこれほど八面六臂《ろっぴ》の活躍をして、「ふつうの共働き」を維持することが、どれだけたいへんか。そのためにどれだけ努力をしてきたことか。それをあっさり「ハッピーだった」と言えてしまう明るさとタフさ。

瑞穂さんのまわりにはハッピーというオーラがある。だから、わたしが疑心暗鬼でスタートさせ、だれも理解しないと脅えていた事実婚を、あっというまに流布《るふ》させ、夫婦別姓法制化も、もう一歩で実現の運びに持って行けたのだ。

それにしても、これほど強固な家族への愛を感じさせるひとはめったにいない。事実婚を継続して、当初の理想通り、互いを損なわず、どちらがどちらの犠牲になることもなく、互いに尊敬し合って、互いがやりたい仕事をしている。娘の成長も順調だ。

わたしは取材する前、瑞穂さんたちは後半生のためにライフスタイルをなんらか変更していると想定していた。少なくとも議員になって変わらざるを得なかったにちがいないと思っていた。しかし、その予想はみごとに肩すかしを食った。でも、かえって爽《さわ》やかだった。わたしが理想とした事実婚を実現しているひとがいると思うと、わたしの娘たちの未来も、それほど捨てたものではないかもしれない。

わたしは眩《まぶ》しいものを仰ぎ見たような気がした。わたしの世代は、理想通りの共働きをなかなか実現できなかった。でも、やはりめざした方向はまちがっていなかったのだと思えたのだった。

それから数日して、わたしは家族旅行のために羽田空港にいた。

夏休みで家族連れでごったがえす羽田空港で、見覚えのあるひとが歩いていく。

「瑞穂さん……」

わたしの小さな声は周囲の騒音でかき消されてしまったが、雑踏のなかを、先日とちがってニコリともしない恐ろしくきまじめな表情をうかべ、瑞穂さんはスーツ姿に重そうな赤の書類カバンを持って、足早にゲートに向かっていった。

ジャーナリストの筑紫哲也さんが、ある雑誌で、辻元清美さんが秘書給与横領疑惑をきっかけに、あれほど社会的指弾を受けた理由を3つ挙げている。

「女性であること。平和を旗印にしてきたこと。市民派であり、市民派の立場を崩さなかったこと」

それは瑞穂さんにもあてはまる。

瑞穂さんもまた、いつ指弾されるかわからないぎりぎりのところで闘っているのだと思う。

今回のインタビューを通して、それでもなお雄々しく、自分が正しいと思うことを主張する瑞穂さんにとって「ふつうのハッピーな生活」がどんなにかけがえがなく大切なものかが伝わってきた。そして、たとえどのようなライフスタイルであっても、家族や友達への思いやりややさしさが基本なのだと、しみじみ実感した。そこを忘れたら、やすらぎや幸せは得られないのだ。

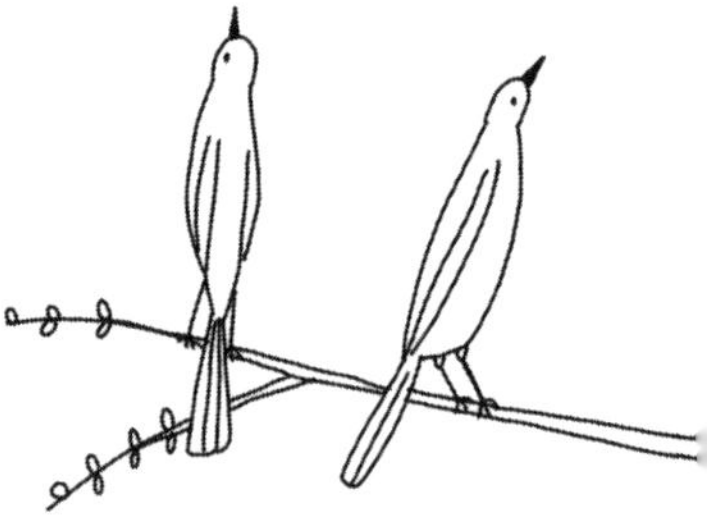

Story 5

子育て後の夫婦に、恋愛の自由はあるのか

お話をうかがったカップル

風森さわさん（妻）

1942年愛知県生まれ。愛知学芸大学卒業と同時に結婚、上京し、女優として演劇活動に打ち込む。同人誌で詩を発表するかたわら、私塾教師などをへて、現在、SOHOでの編集・制作業に。小説『切岸まで』（講談社）は、2003年の文京区「文の京文芸賞」最優秀賞受賞。著書に詩集『地軸の風』などがある。神奈川県在住。

風森さんのパートナーさん（夫）

大学卒業後、舞台照明の仕事につく。その後、出版社勤務をへて幼児教育に関する出版に携わる。

ふたりの間にはひとり娘がいる。

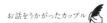

夫の恋愛に、身を切られるような苦しみの淵《ふち》に落ちて

中高年夫婦にとって恋愛は自由なのだろうか？

この章では、このことを考えてみたい。

しかし、この本で恋愛を取りあげようと思ったものの、だれにどこに取材に行ったらいいのか、考えあぐねてしまった。中高年で、互いに自由に相手の恋愛を認め合っているというひとたちは存在するのだろうか。

愛は4年で終わるというセンセーショナルな学説の本が話題になったことがある。じっさい本能としての恋愛は、せいぜいそんな期間のものなのかもしれない。とすると、これまですでに二十数年から三十年の長きにわたって結婚をつづけ、これから先も継続して、半世紀にも及ぶ超長期の結婚生活を送ろうとしているわたしたち世代の結婚のありようは、恋愛とは別ものなのだ。

あるいはこうも言えるのだろう。結婚を維持する理由は、恋愛感情ではなく、共同で子

育てをするシステムと、経済的安定と、相手への思いやりなのだ。多くのひとは、そのように納得しているにちがいない。

しかし、一方で、不倫はあとをたたない。ときめきたいと呟《つぶや》く中高年はけっこういる。離婚する動機に、新たな恋人の存在がある。日本人は『源氏物語』の昔から、結婚にとらわれない自由奔放な恋愛を果敢にしてきた。

わたしたちは結婚していても恋愛してもいいのではないか。

しかも、生殖にとらわれない中高年世代の女性にとって、どんな多様な恋愛も差し支えはないと言えないこともない。現に心ときめくことは健康によいという医学的データもある。

アメリカでは、離婚再婚を繰り返すことによって、さまざまなひずみを子どもや家族に与えることもわかってきた。それならパートナーがいながら、互いに恋愛する自由を認め合うほうが、いっそ合理的かもしれない。

そんな夢のようなことを考えていたとき、一冊の本に出会った。

風森さわさんの『切岸《きりぎし》まで』の表紙には、ほんのりと上品な白に近いグレイに、ほっそりした女性の半身像が描かれていた。「文《ふみ》の京《みやこ》文芸賞最優秀賞受賞」と帯にある。文京区が2002年に創設し、2003年に受賞作を発表した文芸賞であった。

内容は哀切だった。

郊外に住んでいる中高年の夫婦に、ある日、危機が訪れる。夫に恋愛が始まったことを妻である主人公は察知して、身を切られるような苦しみにとらわれる。思いがけない後半生の不意打ちである。

ふたりとも地方から上京してきて、東京に親族はいない。夫の父はすでに他界し、主人公の父は早く亡くなり、気丈な母は地方でひとり暮らしをしている。母は主人公をはじめとしたきょうだいを女手ひとつで育ててあげたが、主人公はその母のもとから飛び立つように大学卒業後、上京して、以後、故郷には戻らず、故郷とは疎遠に暮らしている。母とは時折り会う程度である。

主人公は都会で親族たちとはちがう生き方を志してきたのだ。住みついて家庭を作った郊外には知り合いはできたけれど、適度に距離をたもって踏み込まない関係で暮らしている。ひとり息子はすでに独立したという設定である。

つまり、快適だけれど、孤独で、自由な、都市型の暮らしを築いてきたのだ。

そういう生活は、ふたりが健康で、経済的にも精神的にも安定していれば、このうえない自由を満喫できるけれど、何かに不意打ちされるともろい。ひとたび苦悩に陥ったときにだれにも助けを求めることはできない。

夫が恋愛を始めたと知っても、主人公はだれにも相談できず、内向していく。

強い自我を持った主人公には、これまでの人生で自分のことはすべて自分ひとりで解決してきたという自負がある。心許す友人はいるけれど、互いの生き方を尊重して批判や意見はさしひかえてきた。

そういう自由さが諸刃《もろは》の剣《つるぎ》になる。自由という要塞《ようさい》のような牢獄である。

しかも主人公は、何よりも自由を尊んできた。互いの自由をもっとも尊重してきたということは、恋愛の自由も容認すべきなのだろうか。このパラドックスに主人公は傷つき懊《おう》悩《のう》する。

それまで主人公は、夫がいつまでも青年のような理想を持って生きていることを、むしろ誇りにしてきた。そのために青年期には定職につかなかったこと、子育て期は定職についていたが、中年になってその仕事をやめて、新たな事業に手を染めたことも認めてきた。夫が転職して収入が減ったために、主人公は不慣れなコンピュータを操り、広告制作などの仕事をすることになっても不満は言わなかった。

それほど相手を尊重して、生き方の自由を認め合ったのに、恋愛の自由を認められないのはなぜか。

矜持《きょうじ》の高い主人公は夫にすがることもできない。恋愛を止めることもしない。ただ身を苛《さいな》む苦しみに身を任せ、夫のようすを見守るしかない。

小説の結末を書いてしまうのはためらわれるが、『切岸まで』では夫の恋愛は終焉《しゅうえん》したのに、唐突とも思えるように主人公は自殺する。

読後には孤独と苦しみが、余韻として残った。

このひとから話をうかがってみよう、わたしは読み終わってそう思った。

「おじいさんおばあさんが、夫婦仲よくして互いにいたわり合っている姿は美しいものだと思えるんです。じっさいは年をとってわかり合えている夫婦というのは少ないのかもしれませんが、人生のさまざまなことを乗り越えて、相手を最期までみとろうというのが、人間としてあるべき姿なのではないでしょうか」

一語一語嚙《か》みしめるように話す風森さわさんの言葉が、深くわたしの心に響いた。

「娘も仲のいい老夫婦を見かけると、『ああいうのいいよね』って言いますね。いがみ合っていたり、そむき合っていたりして、まわりを冷やしてしまうような夫婦ではない、あったかい関係。できたらそうなりたいですよね」

長い結婚生活を仲むつまじく終えたいと控えめだが、きっぱりと言った。

『切岸まで』の主人公は、夫の恋愛が終わったあと自死してしまうが、風森さんは、後半生、夫とともに歩もうとしていることがうかがえた。

お話は田園都市線の駅からすぐの、午後の明るい陽射しが燦々《さんさん》と差し込んでくるファミリーレストランの一角でうかがった。

肩まできっぱり切り揃《そろ》えた髪には、少し白髪がまじっている。コットンパンツにブラウスというラフな装いだったが、まっすぐに見つめる黒目がちのまなざし、鼻梁《びりょう》の通った面差しに、どこか毅然《きぜん》とした雰囲気があった。

風森さんは、主人公と同じく、地方から上京して、そこで演劇を志した。就職はしないで、アルバイトしながら小劇場で舞台に立った。所属していた劇団が解散して、子どもを産もうと決めた20代の終わりごろまで女優をしていた。夫とは演劇仲間だった。純粋で一《いち》途《ず》な恋愛だったらしい。

「わたしたちは恋愛して結婚するのが理想とされていましたから、恋愛と結婚は別だとか、いろんなひとといろんな恋愛をする自由恋愛をよしとする風潮はなかったんです」

ひたむきな恋愛をして結ばれた。そして、地方出身者の多くがそうするように世田谷区、杉並区に住んでから郊外に移り住んだ。そして夫はサラリーマンになり、風森さんは、家庭で通信教材の添削の仕事や塾を開いて子どもを教えたりして働きながら、基本的には専業主婦をして、ひとり娘を育ててきた。

そのかたわらで、詩などを書きながら、同人誌にも参加してきた。

「文学がなかったらどう生きたらいいかわかりませんね」

その言葉は文学好きのわたしもたじろぐ程真摯《しんし》で直截《ちょくせつ》だった。何かを表現しないではいられないひとだったのだ。

そして子どもが大学を卒業して独立したあと、夫は会社をやめて、教育関係の出版に携わった。風森さんは夫の転職を機に、ＳＯＨＯスタイルのＤＴＰ制作者として仕事をするようになった。娘は美術大学卒業後、家を出て、今北海道に住んでいる。夫婦はふたりきりに戻った。

風森さんは詩作を始めたころに比べると、詩が生まれにくくなっていることを感じた。そこでテーマによって、エッセイ、小説などの散文の表現がふさわしいと思われるものは、そのスタイルを選ぶようになった。そして２ヵ月で一気に書きあげた小説が、『切岸まで』だった。

風森さんのお話は、翳《かげ》りがまったくないような、きれいで整然とした郊外の街にぴたりとジグソーパズルのようにあてはまった。

お金より、本を読んだり、いい音楽を聴くことに人生の価値を置いてきたひとたちが、この街を形成してきたのだ。高学歴で、理想に燃えて、知的なことを尊ぶという生き方をしてきたひとたち。

夫婦が互いを選び直すとき

ある意味で『切岸まで』の主人公の瑶子にとって、夫の恋愛は卒婚の契機になった。それまでの「互いは互いのもの」という暗黙の了解を突き崩されたうえで、後半生はやはりふたりで生きていこうという「選び直し」ができた。

それもまた卒婚のひとつのありようではないか。

はためにはそれまでと変わらないように見えるかもしれないが、ふたりは元と同じではない。

風森さんは若いときから表現する者でありたいと思ってきた。文学にめざめてから納得できる文学作品を書く努力をつづけてきたと言う。そして今回夫の恋愛という夫婦の危機をテーマに選んだのである。

人生の経験と思索をへて到達した、「夫は自分とはちがうひとであり、ひとはひとを十全に理解することはできない」という真理を表現したのである。

「これまで近代小説に描かれた恋愛は、夏目漱石や島尾敏雄にしても恋愛をした夫側から描かれたものが多かったと思うんです。女性が書く場合でも、恋愛している当事者から描いているものが多いんです。

でも恋愛をされた妻の立場はどうか。佐多稲子さんの『くれない』や、田山花袋の『蒲団』を妻側から書き直して最近話題になった中島京子さんの『FUTON』などが、わずかにありますが、これまで妻の側から夫の恋愛を描いた小説ってあまりなかったんじゃないでしょうか。まともに妻の立場をぶつけた小説はほとんど読んだことがありません。恋愛しているひとたちが大きくて、された側は小さくなっている。わたしは恋愛をされた妻の側から描いてみようと思ったんです」

古くは『蜻蛉《かげろう》日記』や『源氏物語』の六条御息女などがうかんだが、当時は一夫一婦制ではない。近代小説は恋愛するひとばかりをクローズアップしてきたが、されたほうの苦しみはないがしろにされてきたかもしれない。

「主人公は夫に恋愛されて、夫を愛していたことに気づくのです。そしてなぜ自分の愛が夫の恋愛という外的条件でむざむざと断ち切られなければならないのか、不条理だと思うんです。なぜ自分が愛を諦《あきら》めなくてはいけないのか、愛していると自覚したから、この危機を乗り越えようと思うんですね」

その言葉をインタビューのあと反芻《はんすう》して、少し驚きに似た気持ちが生まれた。

主人公は「夫を愛している」のか。その強い自覚が眩《まぶ》しかった。

「夫を愛している」と言い切れるひとが、結婚しているひとで果たしてどれくらいいるのだろうか。

1942年生まれの風森さんは61歳。その年代は「愛していたら結婚する」という潔癖で純粋な恋愛観を持つ世代だったということに思い至った。

演劇を志したふたりは、そもそもスタートから純度が高かった。そういう純粋なカップルが郊外で家庭を営んできた。

そして今、この世代が郊外で後半生を迎えようとしているのだ。

じつはわたしも20年近くも前に、田園都市線沿線に3年程住んだことがある。全体にパステルカラーのマンションや住宅が区画整理された街路沿いに建っていて、目をみはるほど美しかった。広々した明るいロータリーと舗道がつづき、丘陵地を切り開いた土地に、まだ緑はまばらだったが、きれいに植樹されていた。人口密度は低かった。

日本にもこんな美しい住宅街ができたのか。わたしはすっかり魅了された。

子どもを産もうかまだ迷っているころだった。仕事をつづけるかどうかも迷っていた。仕事はしたいと思っていたが、時間に縛られる会社員である編集者の仕事に行き詰まりも感じていた。

住んでみて、子どもがいない事実婚のわたしたちは、平均年齢31歳という新興住宅地には溶け込めなかった。ここは結婚して子どもを産み育てるところだった。子どもがいないうえに、パートナーが自宅で仕事をして、わたしが仕事に出て帰宅時間は不規則というカップルは、周囲からういていた。だれひとり友達ができなかった。

毎朝、幼稚園の送迎バスを待つ子連れのひとたちとすれちがう。きれいにお化粧をした同年齢の女性たちを横目に、駅まで歩いて行った自分を思い出す。

そのころ鎌田敏夫さんのテレビドラマ『金曜日の妻たちへ』が放映されていた。田園都市線沿いに住む団塊世代の何組かのカップルが主人公だった。

妻たちも夫たちもパートナー以外に心惹《ひ》かれ、恋愛をして、その決着に悩んでいた。センスのいいインテリアに、おしゃれな普段着を着て、モダンな家具に囲まれ、子どももいて、裕福で、束縛されるものは何もないのに、あえて恋愛して生活に波紋を呼び寄せる姿が新鮮だった。わたしは毎週見ていた。

自由に恋愛して結婚して、結婚の途中でまた自由に恋愛する。『金曜日の妻たちへ』に頽廃《たいはい》はなかった。思い詰めた表情で不器用にまじめにひたむきに恋愛するようすが、痛々しくも美しかった。

『金曜日の妻たちへ』は周囲に波紋を投げかけながら、結局元の鞘《さや》におさまったというストーリーだったような気がする。そのように現在中高年の夫婦は、恋愛というアクシデントに見舞われても離婚することなく、郊外のおだやかな生活を維持していったのではないだろうか。

そのころ、わたしもまた恋愛をしていた。風森さんのあとの世代のわたしたちは、ウーマンリブの渦に巻き込まれていた。大学紛争のあと、アメリカのリブの情報があふれるように押し寄せてきて、わたしたちは男は敵で女を抑圧しているという敵愾《てきがい》心をあおられた。

と同時に、恋愛の自由、セックスの自由が声高に主張された。大学生だったわたしは、日本のウーマンリブのカリスマ的存在だった過激な田中美津さんの行動や主張におおいに触発された。

わたしは専業主婦の雑誌の編集部スタッフとして仕事をしながら、専業主婦にはなるまいと頑《かたく》なに思っていたのだ。男性の社会的優位に激しく反発しながら、男性と同じような仕事優先の働き方をしていた。恋愛の自由を標榜しながら事実婚をしていた。あらゆることが、さまざまにわたしのなかで矛盾して収拾がつかなかった。

その後のアメリカの家族問題に関するデータによると、一夫一婦制のもとでの恋愛の自由は、うまくいかないことが明らかにされた。恋愛をした多くのカップルが離婚をしているという。恋愛をしたことをパートナーに告げるという斬新《ざんしん》な関係が70年代にもてはやされたが、その率直なやり方も多くはうまくいかなかったという報告もある。嫉妬《しっと》という壁を乗り越えることはできなかったのだ。

そういうデータをわたしはあとで苦く読み直した。70年代は一部の女性たちにとって結婚に対する概念が根底からゆすぶられた疾風怒濤《どとう》のような時代だった。

わたしもそのひとりで、道徳的な戦中派の母の結婚観に縛られながら、一方でアメリカのウーマンリブの過激な自由恋愛の思想に染まっていたのだ。

わたしの恋愛は挫折して、わたしとパートナーの間に固いしこりを残すことになり、そのことから多分、今も立ち直っていない。このことでパートナーを不用意に傷つけたことは申しわけなかったと思っている。しかし、にもかかわらずというか、だからこそ、長い結婚生活のなかで起こってしまう恋愛をどう考えて対処するのかということに関心を持たざるを得なかった。

多分ぜったい両立しないけれど、人生のどこかでパートナー以外に心ときめくという経験に遭遇するものではないだろうか。

これまで築いてきた過去はかんたんに捨てられない

『切岸まで』の主人公瑶子は、嵐のように訪れたパートナーの恋愛のとき、はじめのたちまわり、責めをぶつけた。しかしそれによって事態が変わらないことをさとると、自分の内側に深く沈み込んだ。

よくあるように自分も恋愛して、そこから逃げることもしなかった。

主人公は、ふとしたことで知り合った男性に、それとなく自分の境遇を話すことで、わずかに救いを得るけれど、その男性と恋愛関係にはならない。

「その男性を愛していない」からだ。

なんという潔癖さか。男性は妻と別居中で、知的関心も共有できるというのに、「愛していない」という理由で恋愛は成り立たない。

なぜなら主人公が愛しているのは大人になり切れないようなピュアさを残している万年青年のような夫なのだ。

「恋愛は、あるとき突然に始まってしまうものだと思うんです。恋愛にまるで関心のないひとには始まらないかもしれないけれど、願望があるからするというものではなくて、そういう巡り合わせであれば結果として始まってしまう。そして本物の恋愛であれば止められないと思うんですよ。そしてわたしは、恋愛は美しいものだと思っているんです」

本物の恋愛であれば止められない。

そして恋愛は美しいものだと思っている。

そう信ずるから苦しみも深い。

純粋さを残し、世俗にうとい夫が、半ばボランティアのような仕事に恋愛の相手とともにのめり込むようすに、痛みを伴いながら、主人公は共感する部分もある。

夫がまだ異性を惹きつける存在であることにも、異性にみずみずしい感情を抱けることにも、主人公はどこか誇りも感じている。

「だから主人公には逃げ場がないんです。相手は互いに互いのものと思っていたのに、そうではないとわかるのですから、むき出しの孤独になりますよね」

まったき恋愛から始まった結婚は、子育てが終わったあと、またふたりだけの緊密な世界に戻るはずだったのが、そうはならなかった。

思いがけないライフステージの変換が落とし穴のように用意されていた。主人公は、郊外の孤独なマンションにひとりぽっちで残されることになった。

それはほんとうに身を苛む孤独なのだ。

その描写はこの小説のなかで白眉《はくび》と言えるところで、惻々《そくそく》と胸を打つ。核家族を形成し、家族がぴったり寄り添うように暮らし、まわりを拒絶はしていないけれど踏み込まれない関係を築いている都市型の暮らしは、いったん孤独に陥ると歯止めがきかない。

しかし、主人公は知的で強靭《きょうじん》な意志で事態を変えようとする。

うろたえたり、髪振り乱したり、まわりに助けを求めたりしない。孤独を甘んじて引き受けて、自分を変える。

驚くべきことに、相手を咎《とが》めず、明るく振る舞うのである。

いくら愛しているといっても、長年の惰性もあって、知らず知らず互いに不機嫌な顔を平気でさらすようになっていたことに主人公は気づくのだ。

ほほ笑み合うとか、ユーモアのある会話をかわすということを、ほとんどしなくなっていたことに気づく。いつも仏頂面をして、味けない会話をして、つまらないことしか言わなかった、それまでの暮らしを、主人公はけなげに変えようと努力する。

そして恋愛をなじりはしないけれど、無視するわけではなく、そういう女性がいることを知っているというサインを出して牽制《けんせい》する。

精いっぱいのやせ我慢をしているけれど、ぎりぎりのつらい思いをしていることを、主人公は夫にそれとなく伝えつづける。

さすがに夫のほうも主人公の気持ちを配慮して、外泊してしまったり、いきなり別居するようなことはしない。会話をふやそうという試みに同調する。そのへんは長年の夫婦のあうんの呼吸である。


「中高年でことを起こす場合、それくらいの思いやりがないと、妻は救われません。恋愛は本来エゴイスティックなものだから、相手を思いやれないものかもしれませんが、中高年で恋愛するなら、それ相応の覚悟をしないと相手を苦しめます。そう考えると、中高年の恋愛はバラ色にはいかないものだと思います」

家庭にやすらぎと、おだやかさが戻ると、夫の恋愛は自然消滅していったらしい。らしいというのは主人公はことの埒外《らちがい》にいるからだ。恋愛の始まりも、燃えあがった経緯も、終息も一切知らない立場にいる。

夫も告白したりしない。とくに隠し立てしたり、無視したりもしないが、恋愛に対しては寡黙のままで通す。

ふたりは正面切って恋愛について話し合うことはない。

もし夫がすべてを告白しても、夫に別れるというはっきりした意思がない場合、互いに苦しみを深くしただけだろう。そしてその後、恋愛が終わったあとも、告白されたときの苦しみの記憶は消えることはないだろう。

告白しないことで、長年連れ添った妻が味わっている苦しみを、夫も引き受けていることが『切岸まで』を読むと、なんとなく了解できる。

それほど中高年の恋愛はデリケートで業苦になり得るものなのだ。

ふたりには、それまでの積みあげた過去がある。

「何十年も家族をやってきて、家族を作ってきたわけです。自分の人生の多くの部分を占めている結婚生活が、完全に過去のものになってしまうかもしれない。そのとき、かなり苦しい気持ちが出てくるのではないでしょうか。ふつうの人間は、そんなにかんたんにそれまで築いてきた過去を捨てられないと思います」

主人公は小説のなかで自殺してしまうが、風森さんは「書く」ことと夫とともに後半生を生きることに迷いはない。

「わたしは漱石の小説がとても好きですが、漱石の小説を土台にして描いた水村美苗さんの『續明暗』につづく、『嵐が丘』のような本格的ロマンスとして書かれた『本格小説』のなかにあった、『心のひだの少ないひと』という表現が印象に残りました。心のひだの少ないひとという言い方で、なんとなくイメージできるひと、いますよね。明るくて、さっぱりしているけれど、そっけなくて、情緒的でないひと。そういうひとは夫が恋愛しても、それなりに明るくやっていけるのかもしれません。深刻に自分の問題としてとらえないかもしれない。でも、夫の恋愛はできたら起きてほしくないことですが、人生を深くするできごとだと、わたしは思います。経験することで、心のひだは深くなる気はします」

しかし、こうもぽつりと呟くように言った。

「永遠に人間はわからないものでしょう」

主人公を唐突とも言えるかたちで自殺させてしまったのは、もしかしたらどんなに愛し合ってもわかり合えることはないという風森さんの絶望の表白だったかもしれない。『源氏物語』の登場人物たちが、栄耀栄華を極めた光源氏を見捨てるかのように藤壺も、明石の君も、花散里も、みな出家してしまったように、主人公のもとに帰ったかに見える夫を置いて、主人公を身をくらますように自殺させてしまったのは、風森さんのもうひとつの感慨を想像させた。

中高年の恋愛、それぞれの生き方

中高年の恋愛について、以前、作家の橘由子さんを取材したことがある。

アダルトチルドレンなどに関する本の翻訳や、自分自身の子育てを赤裸々につづった衝撃的な本を発表して話題になったひとである。

エッセイ『でも元気!』で、高学歴で一流企業に勤め、郊外に一戸建てを建てるような夫と離婚して、もの書きをしながらコンビニの店員や軽トラックの運転などの肉体労働でお金を稼いで生活をしていることを書いていた。

そのうえ軽い脳梗塞《こうそく》をわずらったというのに元気なのは「恋愛」しているからだと意気揚々としているらしい。

そんな橘さんの近況を、中央線沿線の駅近くのコーヒーショップでうかがったのは、1

年以上前になる。「なぜ離婚しなければならなかったの？」というわたしの疑問に、橘さんは恐るべき潔さできっぱり答えた。

「恋愛をしたかったんです。これまでの本にも書きましたが、わたしは恋愛願望がすごく強くありました。夫は好きでしたが、年齢や学歴や勤務先が好条件だったということが、結婚の動機にあったのです。もちろん結婚していても恋愛しているひとはいます。でも、わたしは不倫は嫌いなんです。不倫はしたくない。だけど結婚していて恋愛したら不倫になってしまう。正々堂々と恋愛するために離婚したんです」

恋愛をしたいために、離婚したというのである。そのとき橘さんは40代半ばだった。わたしは眩しい思いで話を聞いた。

しかも離婚した時点では橘さんにもパートナーにも恋愛の対象はいなかったのだ。

自分の恋愛願望成就のために離婚するひとがいることが驚きだった。

しかし、中高年はそう一直線に突き進むわけにはいかない。

橘さんが犠牲にしたものも大きかった。大きすぎる程だった。経済的な安定が失われた。元夫が郊外に幸せの象徴のような白い外観の瀟洒《しょうしゃ》な家を建てている最中に離婚したのだ。

その家から出て、賃貸のアパート暮らしになった。下の娘だけ連れて出たが、もの書きと講演とパートやアルバイトの肉体労働では、それまでの生活水準はたもてない。上の娘もしばらくすると母のもとにやって来た。このふたりの娘に与えた離婚の影響ははかり知れない。それでも突き進まなければならなかった程の内的な欲求があったのだ。

橘さんを苦しめたものは、「母のよい子」でありつづけた自分から解き放たれたいという思いでもあった。高学歴の娘が、高学歴高収入の男と結婚して子どもを産んで育てるというのが母の青写真だった。その母の青写真通りに歩んでしまった悔《く》いがある。人生をリセットして自分がほんとうにやりたいことをするためには、今の人生を破壊するしかなかったのだ。

わたしもいくぶん「母のいい子」を演じてきたという苦い思いがあるので、橘さんの話には共感する部分もあったけれど、そこまで自分を追い詰めてしまう勇猛果敢さは、わたしにはない。

橘さんの話を聞いて、中高年の恋愛願望の心の奥底にあるものは複雑だと感じた。恋愛によって人生をやり直したいという気持ちは中高年にもある。その意味でも中高年はまさに人生の問い直しの時期なのだ。

弁護士の渥美雅子さんの意見も鮮明に覚えている。

「一夫一婦制は弱者救済の側面も持っているの。弁護士だから一夫一婦制を遵守《じゅんしゅ》するように、弱者を守ってきたけれど、個人的な意見を言えば、子育て後の中高年夫婦は、互いが了解し合えば、恋愛の自由はもちろんなんでもありだと思うの」

確かに、生殖を離れた中高年世代の恋愛は、ほんとうは自由なのだ。

そして、わたし自身も自由な恋愛を切望してきた。

でも人間はそれほど自由になれるものだろうか？

風森さんの話を何度も自問自答した。その答えは返ってこない。中高年の恋愛は自由だし、離婚することもできる。しかし、その恋愛によって自分もパートナーも周囲も深く傷つく場合があることを忘れてはならない。

でも、だから恋愛を諦めるべきだとは思わない。思わないけれど、軽い異性へのときめきから、一歩足を踏み出すとき、自ずと深淵《しんえん》があることを覚悟すべきなのだということを、自戒を込めて思った。

Story 6

ボランティアと転職と趣味で充実した後半生

お話をうかがったカップル

本田和男さん（仮名）（夫）
1942年東京都生まれ。慶應義塾大学卒業後、大手家電メーカーに勤務。趣味で昆虫の採集研究にいそしみ、北西タイの子どものために「ニコニコボランティア基金」を立ちあげる。50歳で大学教授に転職。現在は社会学の研究に、また、昆虫の研究、ボランティア活動に打ち込む。

本田玲子さん（仮名）（妻）
1942年生まれ。短大卒業後、会社勤務をへて結婚。実家の医療事務を手伝いながら、子育て後は欧米への旅行や料理など趣味に打ち込む。

ふたりの間にはひとり息子がいる。

大手企業に勤めながら、コガネムシを追ってアジアへ

「ニコニコボランティア基金設立15周年」のお知らせが来た。

そうか、もう15年になるのか。わたしは歳月の過ぎる速さに驚かずにいられなかった。

そして今回の企画で「ニコニコボランティア」を主宰する本田和男さん（仮名）にお話を聞いてみようと思い立った。

和男さんなら、どんな卒婚をしたのだろうか？

和男さんにお会いしたのは12年程前になる。当時、和男さんは大手家電メーカーに勤めながら、趣味の「昆虫採集と研究」のために、有給休暇をすべて使って「ニコニコボランティア基金」の拠点である北西タイを中心に、アジアの辺境を旅していた。

日本中が好景気に躍っていたころである。

管理職である和男さんは、ハードワーカーでもあった。同僚たちは有給休暇を取らずに働くなかで、有給休暇を取るだけでも勇気が必要な職場で、管理職として一線を退かずに

趣味をまっとうするために細心の努力をしていた。

土曜日の朝一番の飛行機に乗って出かけ、2〜3日休暇を取った朝、成田から職場に直行して会議に出席するようなスケジュールを組み、仕事に穴を開けたり、職場に迷惑をかけるようなことは決してしなかった。

すでに和男さんは「コガネムシ」の研究ではいくつもの論文を発表して、働きながら大学で学位も取得していた。学界で名前を知られる存在だったので、趣味といってもライフワークであった。職場で管理職として遅くまで残業をし、帰宅してから仮眠して明け方起きて昆虫の研究にいそしみ、論文を執筆して、早朝家を出た。

当時お会いした和男さんは50歳、濃紺のスーツに白のワイシャツが似合う清潔で爽《さわ》やかなビジネスマンだった。

仕事と両立したライフワークがあることが、和男さんにビジネスマンとして隙《すき》がなく、いい意味での緊張感を与えているような気がした。少なくとも仕事にどっぷりつかった、いささかくたびれた中高年のサラリーマンとはちがっていた。

こういうビジネスマンもいるのか。わたしはその節度ある、自分に厳しい生き方に目をみはった。

会社員をやめたばかりのわたしは、その当時、会社一辺倒でないワークスタイルをしているひとを取材していた。自宅のリビングで図面を引く建築家の男性や、地方都市で地域情報を発信するフリーライターの男性などから話を聞いた。和男さんには勤めながら趣味を追求する男性としてお話を聞いた。今でこそ「週末起業」などと言われてもてはやされているが、当時は、大手企業は社員の副業を禁じているのがふつうで、仕事のほかに趣味を持つことすら、はばかられる雰囲気があった。

しかも和男さんは昆虫の研究だけでなく、「ニコニコボランティア基金」をたったひとりで立ちあげ、地道につづけていたのである。

コガネムシを求めて国境近くの北西タイをたびたび訪れた和男さんは、そこで豊かな自然とつつましく生活している現地のひとびとに心打たれた。と同時に栄養不良で、家庭が貧しいために就学できない子どもが少なくないことに心を痛めた。

そんなとき現在もニコニコボランティアの現地理事をしているマニト・イムヤェムさんという当時小学校教諭をしていたひとと知り合い、現地のひとびとの希望によって子牛を

1頭寄付した。これが「ニコニコボランティア基金」の始まりである。

マニトさんたち教職員が育て方を教えて、児童生徒が世話をして、成長した牛を市場で売って得たお金で学用品や給食の材料を買うことができた。

この話を和男さんが知り合いにすると、たくさんのひとが共感して、活動に協力することを申し出てくれた。こうして「ニコニコボランティア基金」は本格的にスタートすることになったのである。

海外に出ることが多かった和男さんは、国際ボランティアが一回限りで終わってしまいがちなことを知っていた。援助しても、しばしば現地のニーズと合わなかったりしているのを見ていた。

立ちあげるにあたって、現地のひとたちと協力して、現地のひとが援助がなくなったあとも自立・自活できるような活動のための支援をしたいと考えたのである。そして継続的な活動になるような運営方法にした。

こうして「ニコニコボランティア通信」を年4回発行して、協力するひとに活動状況や方針をあきらかにするとともに、現地のひとたちにもボランティアとして参加してもらうことで、ニーズに合った援助をすることができるシステム作りに努めた。

そしていかにも有能なビジネスマンらしい発想で、集まった寄付金はできるだけ殖《ふ》やして使うように、寄付金の一部を基金として積み立てた。利子収益を継続活動に使えるようにと考えたのである。

具体的な活動としては、子牛や子ヤギ、ニワトリ、アヒル、ウサギなどを贈呈し、その家畜を学校で飼って、教職員や児童が世話をし、成育したら市場で売り、得たお金で給食の材料や学用品を購入するというやり方をとった。ニワトリ同様、魚が子どもたちに不足しがちなたん白源になるというので、養魚も盛んに行われた。基金では池造りや稚魚・飼料の費用を負担した。

このほかにバナナやパイナップルの果樹栽培や、野菜・キノコの栽培もした。

さらに学校に行きたくても行けない子のための奨学金制度も設けたのだ。

でも和男さんは日本にも現地にも専従者は置かなかった。現地のボランティアのひとびとと協力して、もっとも有効な寄付金の使われ方を検討してきた。専従者を置くと経費がかかりすぎるので、運営するひとの過重な負担にならない配慮をしたのだ。

「にこにこしていられる程度の、負担の大きくないボランティアをめざしたんです」

はじめはひとつの村のひとつの小学校への援助だったのが、近隣にも広がっていって今日まで地道につづき、現地に根づいているのである。

わたしは取材したときから「ニコニコボランティア通信」を送っていただくようになり、ほんのときたま気まぐれに寄付していたが、いつも現地の子どもが中心になって、飼育したり、果樹を育てたりしているようすが伝えられる通信にあたたかいものを感じていた。

こういう継続的で、ほんとうの意味で現地のひとの力になるボランティアもあるのだ。その活動が支援者がいるとはいえ、ひとりの個人に多くを支えられていることに、いつも尊敬の念を抱かないではいられなかった。

ところで、取材した直後、和男さんから「転職」の知らせが来た。大学教授になったというのである。昆虫学の教授？　と思ったら、社会学の教授だという。これまでのビジネス経験を生かして「情報化の進展が社会変容に及ぼす影響に関する研究」など、情報文化学を担当することになったというのである。

50歳でビジネスマンから研究者に。

まさに後半生に向けてのあざやかな転身である。

もちろん、ニコニコボランティアはつづけている。

その後、市場経済化・情報化にゆれる北西タイのひとつの村を追跡調査した著書も送っていただいた。

ビジネスマン時代は、ひじょうに忙しく、ウイークデーは寝るひまもないような生活をしていた。週末も研究にいそしみ、有給休暇は昆虫採集に出かけるような日々だったけれど、研究者になってから、家庭生活にゆとりができたのではないだろうか。妻と息子の3人家族。郊外に住む典型的な核家族を営んでいたが、ひとり息子も成長したはずだ。まさに後半生、充実した卒婚のあり方を、和男さんならしているのではないだろうかと思ったのである。

この思惑は少し外れたけれど、おおむねあたっていた。

パートナーとの関係を考え直すようになったころ

都心にある大学の研究室を訪ねた。最新式のパステルカラーの美しいビルのなかにあった。

「あのころとあまり変わらない多忙な日々を過ごしていますよ」

あいかわらず笑顔の爽やかな、おだやかな物腰だった。

広々した研究室のオフィスの片隅には、大きなアウトドア用のような、中身がぎっしり詰まったナップザックがごろりと置かれている。

「いつでも出かけられるようになっているんです。タイや台湾を中心に、今でも年に2ヵ月半くらい海外に出かけていますし、国内の研修旅行などにも出かけることが多いんです。僻地が多いから野外で寝ることもありますよ」

もちろんコガネムシの研究もつづけている。

「転職してから、社会学系の研究論文は20本くらい発表しました。業績としてはきわめて旺盛という評価になるでしょうね。でも、昆虫学のほうはここ10年で１００本くらい発表しているんです。理科学系の論文は短いといっても、たいへん多いほうですね」

あいかわらずハードワーカーなのである。

しかし、格子のシャツにベストにコットンパンツと、とてもラフな装いである。折り目のついたようなピシッとしたビジネススーツ時代に比べて、肩の力が抜けた、自然体で生きている感じが伝わってきた。

しかし、今回の取材は「仮名でなら」と言われてしまったのは、大手メーカー時代とはちがうといっても大学も組織であり、それなりに気を使わざるを得ない事情があることは変わらないようである。

しかも尋ねたいのは結婚という個人的なことなのだ。

「妻との関係ですか。いちばん苦手な分野かもしれませんねえ。もしかしたら妻は、ぼくのようにハードワーカーでなくて、なんでも夫婦でいっしょにやるような関係がよかったのかもしれないと思うことはあるんですよ」

取材を申し込んだとき、ためらったような口調でそう言われた。それでも立ち入ったことをあえて聞いてしまおうというのだからわれながら厚かましい。

でもわたしはぜひ話を聞いてみたかったのである。

冒頭のプロローグの後半で、専業主婦から離婚後60代でケアマネージャーをしている方のことばを引用したが、彼女のようにパートナーとは足並み揃《そろ》えず、後半生は、ボランティア活動やNPOなど、ひとのためになる活動に打ち込むひとの「卒婚」のあり方をうかがいたかったのである。

アジアをはじめとした辺境の地に赴き、コガネムシの採集・研究をしながら、北西タイの僻村のひとびとへのボランティア活動を継続するという和男さんの活動範囲から言って、パートナーが同行しているとは思わなかった。

むしろ別々に、それぞれやりたいことをしているのではないかと想像していたのだ。

別々にそれぞれやりたいことをする。そしてそのひとつが社会的に意義あることだったら、なんというすばらしい「卒婚」だろうか。

「そうですね。元の会社の同僚や少し年上の先輩たちに会うことがあるのですが、ぼくはもうすぐ62歳ですが、彼らはもう定年を迎えてエブリデーサンデーか、再就職したといっても閑職ですから、日本百名山を踏破《とうは》したとか、孫が可愛いという話題が多いですね。夫婦で百名山というひともいますが、それはぼくらには考えられませんね」

それからこうも言った。

「ぼくは人生を50歳で接《つ》ぎ木したような気がしますが、定年から研究にいそしもうとしたら、へばって離陸するのがたいへんだったなあと思いますね」


大手メーカーから研究職へ。このとき収入は3分の2になった。「収入や地位にこだわらない」強い意志がなければ、転職することはできなかっただろう。じっさい、その当時の和男さんの部署は企業のなかでも花形だったし、和男さんはそこの部長として大勢の部下を率いて第一線で活躍していたのだ。

方向転換をするのには勇気が必要だったはずだ。

「そのころ大学に行く機会があって、こんなふうに研究生活をするのもいいなあと思ったんです。企業には企業のよさがあって、組織としてプロジェクトを推進するのは仕事として醍醐《だいご》味がありましたが、あくまで組織活動です。そんなことを考えていた矢先、紹介してくださる方がいて、公募のようなかたちで大学教授になったのです」

そして現在のように妻は妻、自分は自分のライフスタイルを築いた。そのためには、それなりの節度と自己抑制が必要だった。

「ぼくらは、男は外で仕事して、妻は専業主婦で家庭を守るという役割分担をしてきた世代なので、今もその意識は強いですね。ぼくは今はやりたいことをしていますが、仕事中心なのは変わりません。会社員時代は3時間睡眠で仕事はきっちりやっていました。そのころより睡眠は取っていますが、今も毎日朝8時には研究室に来て、夜の9時10時まで仕事をしています。それで、現在、家を新築中で、もうすぐ引っ越すということもあるし、通勤時間がかかりすぎることもあって、息子のために購入した都心のワンルームマンションにウイークデーは寝泊まりしています」

どうやらウイークデーはほとんど家にいない生活はあいかわらずらしい。

息子はもう32歳。まだシングルだが、社員寮に入っている。夫婦ふたりの暮らしはもう長い。

じつは和男さんは、かなりの「教育パパ」を自負している。

「ぼくが勉強を教えていました。小さいころから『なぜ』『どうして』という質問には必ず答えるようにしてきました。わからないことは文献を調べたり、専門家に問い合わせたりして、興味を育てるようにしたのです。『やってみたい』と言ったことはさせました。こういうことは、ぼくの父もぼくにしてくれました。博物館などにもよく連れて行きましたし、家族旅行で国内はもちろん、香港やシンガポール、パリなどにも行きました。知的な環境で育てるのが大切だと思ったんです」

そのころは休日は家族で過ごす家庭的なパパだったらしい。

「中学受験のときは、先程話したようなハードワークの時期で、帰ってから勉強を見てやろうとしても深夜になってしまう。息子のほうから『自分でやるから心配しないで』と言われてしまいました」

しかし、そのかいあって、息子は私立難関の麻布中学へ進学し、東大で学位を取得。現在は会社の研究所でバイオの研究に携わっている。研究職という意味では、父子同じ仕事というわけだ。そもそも和男さんの実父も、研究職と教職に携わってきた。和男さんは4

人きょうだいで姉3人の末っ子の長男だが、姉のひとりは幼児教育専攻の研究者である。むしろ和男さんがビジネスマンだったことのほうが、家系において異色だったらしい。

そうやって手塩にかけた息子は、なんと20歳で独立宣言。家を出て早々と自立した。ひとりっ子なので、過保護にせずに、自立させようと心がけてきた目論見《もくろみ》は、みごとに成功したわけである。

「このころですか、妻との関係を考えるようになったんです」

自由にやりたいことをするには身辺自立が原則

パートナーの玲子さん（仮名）は同い年で、見合い結婚だった。ハードワーカーの和男さんをフォローしながら、自営業の実家の手伝いに週3回通っていた。ウイークデーはほとんど家にいない和男さんにはわからなかったが、かなり多忙な生活を玲子さんも送っていたらしい。

これまでの経過から言って、ビジネスマン時代も研究者になっても、ほとんど家にいない和男さんに代わって、玲子さんが一手に家庭のことをこなしていたことになる。そのうえ仕事もしていたのだから、相当パワーのあるひとにちがいない。そして和男さんへの理解も深いという気がした。

転職にあっさり賛成したのにも、豪快さを感ずる。

ふたりは息子をはさんで均衡をたもち、円満な家庭を作ってきた。

しかし、息子がいなくなると、ふたりの共通の目的である子育てを失い、バランスが微妙に崩れ、ずれが見えてきた。

「子育て中は、ぼくには理想の家族のイメージがあったんですね。夫婦で協力して、いつも互いに理解し合っているというような。そういう理想に近づけようとしていたんですが、あるときアレッと思ったんです。何回か妻とぶつかり合いました」

あらためて玲子さんと話し合った結果、こういう結論に達した。

「我《が》が強い者同士だから、あまり互いに拘束し合わないで、それぞれが自己実現できるように暮らしたほうが、結婚が長持ちするかなと思ったんです」

アレッと思ったのは、ふたりでヨーロッパに行ったときだった。家族3人で旅行をしていたときは、子どもに合わせてスケジュールを組んでいたので気にならなかったのだが、いざふたりになると「どこを見るか」で意見が対立した。

「たとえばロンドンに行ったら、ぼくは大英博物館は外せない。でも妻はオペラを見たりショッピングをしたい。時間があればお互いの行きたいところに同行すればいいけれど、限られた時間だと譲れないんです」

もちろん、和男さんの研究テーマであるタイの僻地や、コガネムシを探しに台湾やミャンマーの近くの山奥で野宿するような旅に、玲子さんを伴ったことはない。

「互いに行きたいところに自由に行こう」ということで了解がついた。

「現在は、妻は実家の手伝いをしていません。料理を習ったりしていますが、いちばん熱心に取り組んでいるのが、家の新築です。これまでマンション住まいだったので、庭のある暮らしを楽しみにしています。家を建てる資金繰りや設計は妻に任せています。貯蓄など家計について一切口出ししてません。ぼくの収入はいったん妻に預けて、必要なものをもらうというやり方です。一度、家計がどうなってるか聞いたことがありますが、わたしに任せてもらいたいと言い切られてしまいました」

役割分担は厳守されているのである。

それにしても、ふつうなら定年のところを、これから家を新築して引っ越して、新たなコミュニティーで暮らしていこうというバイタリティーが玲子さんにはあるのだ。

しかも、ふたりは旅行が好きという点でも似ている。

「ぼくとちがう方面ですが、旅行も好きで、イギリスやフランス、スペインや、アメリカのフロリダやニューヨークに、安チケットを探してひとりで2～3週間行っています。美術館や音楽会に行ったり、現地のスーパーマーケットで自分に合った品を買ったりしているようですね」

ひとりで安チケットを購入して、単独行動で外国旅行をするには、語学力と判断力、自分で自分のことができる強さが必要だ。ある意味で、長い結婚生活でひとりでいる時間が長く、すべて自分で判断してきたからできるのだ。

どうやら玲子さんはかなり行動力のあるひとらしい。

だから和男さんも玲子さんの取り決めた領分にはあえて立ち入らない。

コガネムシの蒐集《しゅうしゅう》や、研究テーマである北西タイの僻地に電気や水道が来てテレビによって情報がもたらされた結果、村にどのような変化が起こったか、パートナーには基本的に興味がないように、和男さんも玲子さんの旅行の目的に、それほど興味を持てない。

「ぼくたちは夫婦で百名山ということはないですから」

その諦観と、互いへの理解が、現在のようなつかず離れずの「卒婚」の安定をもたらしているのだ。

多分、なんでも理解し合った仲のいい夫婦という理想にとらわれていたら、和男さんは思い切って研究職に転職することも、情報文化の研究のかたわらライフワークの「コガネムシ」の論文を書き、「ニコニコボランティア基金」の所用で年2回程、現地のボランティアのひとと会うためにタイに出かけ、現地を視察するような、自由な行動は取れなかっただろう。また、「ニコニコボランティア通信」を年4回発行しているが、そういう活動にも一切パートナーはかかわっていない。そのほうがいいという判断があったのだ。

どこかでぼくはぼく、あなたはあなたという割り切りができたから、自分らしいライフスタイルを貫くことができたし、相手を自分のフィールドに引きずり込まずに、相手がしたいことを自由にすることも認められたのだ。

「妻のほうも、ぼくにこうしてほしいということを申し出てきましたが、2、3回はねのけてしまいました。そうやって何回かぶつかり合って、彼女もぼくも互いに新しい発見をしたんです。そして理想の家族に無理に自分たちをあてはめようとしたり、自分のフィールドに相手を引き込むことが、いかに不自然か気づいたんです。それで協力できるところは協力して共存共栄する方法をとることにしたんですね」

和男さんの言う「それぞれの分をわきまえた」ライフスタイルに移行したのだ。

さてそのとき、和男さんはこうも考えた。

「そのためにそれぞれ自立が原則だなと思いました。料理や、掃除や洗濯といったことをしなければならない。自由にやりたいことをして自己実現するためには、男も身辺自立しなければなりません」

ウイークデーはひとり暮らしができるようになったのは、そのときの決意のたまものらしい。玲子さんが単身2～3週間も旅するような自由さを得るには、和男さんが生活自立ができていないと、「自由にしたいことをしていいよ」とはならないのだ。

「といっても掃除はかんたんにすませているし、食事は外食がほとんどですが、洗濯とか自分のことは自分でしています」

和男さんの知人には、「ブツブツ文句を言いながら」妻とふたりで旅行をしているひとがいる。ひとりで何もできないから妻に同行してもらうしかないのだ。そんな知人に「自分で自分のことをしたらどうか。そうすれば自由に行きたいところに行けるし、相手に対する不平不満もなくなるのに」とアドバイスしたら、「もう自分はこまかい雑用や家事はしたくないから、このまま妻といっしょに行く」と答えたそうだ。

こんなふうに身辺自立ができないために妻と離れられない夫や、ひとりで行動できないために夫やだれかと行動をともにする妻はたくさんいる。

「自分がやりたいことを実現するために」妻に手伝ってもらったり、家庭のことを何から何までしてもらっている男性は多い。

すっきりと「互いにそれぞれやりたいことをして自己実現」するには、生活的な力量と相手を拘束し合わないという潔さが必要なのだ。

「人間、最後にはひとりになるのですからね」

和男さんはさらりとそう言った。

自由と引き換えの孤独

重たいナップザックをしょって、アジアの僻地をフィールドワークするような暮らしをつづけている和男さんには、世俗的なものから自由な空気があった。それは言い換えると孤独だということでもある。

でも、その孤独と引き換えに自由を得たのだ。そのことが話をうかがってよくわかった。多くのひとはパートナーに不満をかこち、好きなことを好きなようにする自由と引き換えに、孤独を免れる。

研究室に夕闇が迫ってきていた。

研究室は静謐《せいひつ》そのものである。

和男さんはパソコンに取り込んだ「産業化・情報化によるタイのひとびとの生活の変化」

についての画面をプリントアウトしてくれた。学生にスライドで見せる内容なのだろう。急速に産業化・情報化するタイでは、すでに日本と同じく摂食障害やダイエット志向、受験の激化といった問題が現れている。

僻村にテレビによって情報がもたらされた結果、若者は離村して都市に働きに行くようになったが、タイと日本のちがうところは、仏教を信ずるひとが多いせいか、先祖を敬う気持ちが厚く、宗教的行事である祭りには、みなが村に戻って来るという。

そんな専攻の研究について語ったあと、こうも言った。

「これは南アフリカの研究者から届いたコガネムシの標本です。コガネムシの分野では世界的にも第一人者なので、こんなふうに世界中から鑑定を依頼されるんです」

テーブルの下や上から、荷ほどきされたばかりの「コガネムシ」の標本が出てきた。コガネムシはエジプトでは「スカラベウス」と呼ばれ、クレオパトラの宝石のなかにはスカラベウスをかたどった宝飾品もある。

体長4センチから、豆粒ほどのコガネムシがきれいに標本になっている。

「興味持てないでしょ」

ついおざなりになったわたしの表情を見て、和男さんが笑った。

「ぼくもコガネムシが好きかと言われると、そうとも言えないんですけれどね。その生態系や形状に興味があるんですね」

和男さんはどうやらコガネムシを偏愛する蒐集家ではなく、クールなビジネスマンのような視点と学者的観点でコガネムシとかかわってきたようだ。

しかし、もっともやりたかったことは、やはりコガネムシらしい。

「ぼくが蒐集したコガネムシの私蔵コレクションを3年前にすべて国立科学博物館に寄付したのですが、それをきちんとした標本にして、研究の基礎資料を作る仕事に10年がかりで取り組んでいます。イギリスの大英博物館はじつにみごとに次世代も使えるような標本を作っています。そういうものを次世代に残したいです」

少年のころから追いかけてきた「コガネムシ」。どうやら次のライフステージの中心は、ついにコガネムシの研究者としての仕事になりそうだ。

もちろん「ニコニコボランティア基金」は継続していくつもりだ。

「タイの都心ではダイエットの問題が起こるような急速な都市化が進んでます。たいへん裕福な層もいますが、貧富の差が激しいのです。ニコニコボランティアの拠点である北西タイの僻地では、少数民族が住んでいてとても貧しいうえに、ミャンマーなどからたえずひとびとが流入していますから、就学援助をしなければならない子どもたちは減らないのです」

大手メーカーをやめたとき、寄付金を集めるのが難しくなることを予想した。だから寄付金をいったんプールして「殖やしてから使う」基金のやり方をとった。ニコニコボランティアはあくまで個人の善意の寄付でまかなうというスタンスを守っている。

そして地元ボランティアと連携して地元のニーズに合ったものを提供し、家畜や果樹や野菜を飼育栽培することで「自分たちで自立の手段を得る」という方法は地道につづけられ、現地で根づいている。

わたしは「ニコニコボランティア基金」から寄付を募られたことは一度もない。時々思いついたように寄付をすると、次回の通信の欄外に寄付をしたひとの名前が載るだけだ。金額も明記されていない。ひと口1000円いく口でもと書いてある。

それでも自分のささやかな寄付が、地元でニワトリの卵になって給食で出されたり、苗木になったと思うとうれしい。奨学金をもらって学校に通えるようになった少年のことが載ると、気持ちがあたたかくなる。

こういう活動を、かんたんな事務を手伝ってもらうことはあっても、おもにひとりで担ってきた和男さんの強い意志を感ずる。

淡々と、さりげなく、目立たないけれど、自分の意志を貫き、まわりのひとをむやみに引きずり込まないで、やり遂げていくひとがいることに目をみはった。

「勤めがすべて終わったとき、飛行機操縦の免許を取得して、大空を舞ってみたいですね」

これからの夢をそう語る和男さんは少年のようだった。今まで自分のやりたいことはひとつひとつ実現してきたのだから、この夢もかなうにちがいない。

こういう「卒婚」のあり方もあると思った。

エピローグ

子育て後のカップルは、長い後半生をどうしたら、よりよく生きていくことができるのだろうか。

そんなことを考えて中高年のひとたちの取材を始めていたころ、出会ったのが「卒婚」という言葉だった。結婚を卒業し、新たな人生のスタートをする。その言葉に爽《さわ》やかさを感じた。

離婚ではなくて、卒婚。

これまで築いてきた家族や過去をいったんリセットして、自分自身を取り戻し、それぞれの家族がそれぞれの方向に進むというあり方。

わたし自身が、それまでの家庭生活に行き詰まりを感じていたので、なんとか打開する方法を探りたいという切実な思いもあった。それでパートナーそれぞれが自分らしく生き

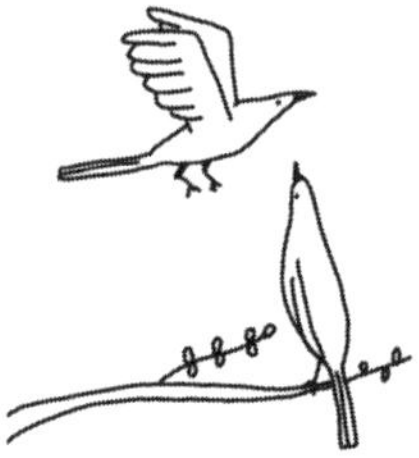

ているカップルの話を聞いてまわってできたのが本書である。

夫と妻それぞれの仕事のために東京と金沢と別れて暮らすカップル。

別居結婚から、夫が妻の仕事の全面サポートにまわったカップル。

専業主婦だった妻が世帯主となって、夫が自由業になったカップル。

子育て後、夫が転職して国際ボランティアと研究に邁進《まいしん》しているカップル。

夫の恋愛をへて、ふたたびふたりの関係を取り戻したカップル。

事実婚を貫いているカップル。

いわゆる「結婚」のかたちから逸脱しているかもしれないけれど、それぞれが後半生をよりよく生きるために、自分たちサイズの結婚スタイルに変えていったひとたちだ。

変則的別居を始めたわたしにとって、40〜60代はじめの方たちのそれぞれの物語は、夫婦というものをあらためて考えさせる契機にもなったし、自分が落ち込んでしまった理由もおぼろげに、そういうことだったかと納得できたり、実り多かった。それ以上に、わたしのこれまでの人生を振り返る旅にもなった。

東京に出てきて30年、時代に翻弄《ほんろう》されながら、出版社勤めからフリーランスライターになって仕事と子育てを必死に両立させてきた自分の人生と、取材させていただいた方の生きてきた時代が、オーバーラップして見えてきた。

取材して、とてもよかったことがふたつあった。

この取材では6組のカップルのうち、3組には夫婦双方からお話をうかがえた。あとは残念ながら片方からしかうかがえなかったのだが、プライベートに踏み込む取材なので、片方に協力いただけただけでも感謝にたえない。こうして男性からも、じっくりその半生をうかがうことができたのだが、これまで女性雑誌の仕事が多く、同世代の男性のライフヒストリーを聞く機会が少なかったわたしには、とても新鮮だった。ともするとこれまで割り切れない思いだった男性優位の日本社会に対する反発が、少し解きほぐされた。

男性もまたこの時代を誠実に必死に生きてきたのだと気づき、やさしい共感が芽生えたのは、わたしにとって大きな収穫だった。

それはまた、わたし自身へのやさしい労《いたわ》りのような気持ちが生まれてきたことでもあった。自分の過去をすべて否定してしまいたいようなつらい気持ちから、それはそれなりに受容して、そこから出発しようという謙虚な気持ちになれたのである。

取材した方々の、自分らしい結婚のあり方を、不器用でも試行錯誤しながら築いてきて、それぞれの「卒婚」という第2ステージに至った話に、何度も胸を熱くした。そしてわたしが「家事分担する理想の共働き家族」という理想像を、家族に一方的に押しつけてきたことも見えてきた。家族はひとりの努力や思いだけでうまくいくものではない。そういう無理がほころびを生むのは当然なのだ。

わたしは家族それぞれのサイズと欲求に合った家庭のあり方を考えなければならない時期に来ていたことに気づかされた。

この取材を通して、それまでマグマのように抱いていたパートナーへの憤りが少しずつ冷えてきて、その代わり自分への反省が生まれてきたのは、わたしにとって救いだった。もちろん今だって間欠泉のように時折り、怒りが呼び戻されるが、怒りや恨みや憤りを抱きつづけることは、わたし自身を枯渇させてしまう恐れがあった。それほど憎しみの感情にはマイナスの力がある。そこから解き放たれることで、わたしに、自分にも子どもや母や友人などまわりにもやさしい気持ちが芽生えた。そうして、少なくともおだやかな気持ちになれたし、関係も良好になった気がする。

さまざまな無理が臨界点まで来ていたからバーンアウトしてしまったのだということも今は理解できる。そして結婚に対するアンビバレントな感情も少し整理できた。「理想の家族」にこだわりながら、「ふつうの結婚」へ根強く反発し、事実婚を貫けなかったうしろめたさ、恋愛の自由を求める気持ちを見つめ直すことができた。思えば、わたしたち世代は画一的な結婚をしながら、その反動に苦しんだ世代でもあった。

わたし自身の卒婚のかたちはまだ見えない。

あるいは、今している変則的別居が卒婚のひとつのかたちになるかもしれない。当初は不本意で理不尽な思いが強かったが、変則的別居も長くなると、それなりに落ちついてきた。互いを拘束し合わない、風通しのよさも味わっている。今年の春から長女と次女が入れ替わり、わたしは長女と暮らし、パートナーは次女と暮らしている。長女が受験なのでそばに戻そうと思ったのだが、あんなにお母さん子だった次女が「今度はわたしが向こうに行く」と言い出すとは、まったく予想外だった。子どもは着々と、親離れをし、独立心を育てていたのだ。

子離れはもうすぐである。とてもさみしいけれど。

わたしとパートナーは30年間、毎日毎日しゃべり合ってきた。会話は多かったはずなのに、この3年間ほとんど必要なことしか話さなくなった。不毛な諍《いさか》いの記憶が尾を引いているこどもあるが、30年もしゃべったのだから、こう言えばああ考えてこうも言うだろうということがわかってしまうのだ。そしてしゃべらないことで、相手の等身大の姿も、自分の等身大の姿も見えてきた。

夫婦や家族は相手のしたいことをしてあげている代わりに、互いに牽制《けんせい》し合い、譲り合っているようで拘束し合ってしまうものなのだ。からみ合うように依存し合っているので、互いがいないことは不安になるのに、依存し合っているうっとうしさも募る。わたしはある面でパートナーの母親的役割も担っていたが、パートナーはわたしの保護者でもありつづけた。こういうからみ合いを解きほぐすのには時間がかかる。

離れることで、パートナーはわたしが思ってもみなかった仕事を始めた。多分、わたしはパートナーが方向転換したいと感じていたのに阻害していたのだ。距離を置くことでパートナーも新しいことにチャレンジする気持ちになったのだと思う。そして以前より、経済的な面で子どもへの責任は果たそうとしていることは確かなようだ。

そうしてわたしは、短い旅を重ねている。はじめは健康回復のための温泉旅行が目的だったけれど、しだいに11人の子持ちなのに旅した与謝野晶子に興味を持つようになったり、日本の風景や文化に心惹《ひ》かれたりするようになった。日本という国の奥深い文化にもめざめ、今は日本の47都道府県制覇をめざしている。

旅をすることで、わたしのなかで眠っていた五感が研ぎ澄まされ、美しいもの、きれいなもの、すぐれたものに感応し、やさしさ、楽しさ、うれしさの感情が、みずみずしくよみがえってくるのを感じ取れるようになったのも、大きな変化だ。

いつのまにか、子育てと仕事に莫大なエネルギーをそそぎ込んで、自分のキャパシティーを超えてしまっていたのだ。磨耗して、生きる喜びや目的も失っていた。お金に対しても必要以上に吝嗇《りんしょく》になっていた。今は楽しみや仕事やひとのために使うことを惜しまないように心がけている。

ひとりになる時間がふえて、わたしは仕事以外の本も読むようになった。仕事は減ったけれど、吟味するようになった。できればわたしが書いたものを読んでくれたひとが、そこになんらかの喜びを見いだしてくれるようなものを書きたいと思う。そもそもそれが、わたしがフリーランスライターになった理由なのだから。

ほんとうの意味での「卒婚」をするには、自分が何をしたいのかが見えてこなければ、ギアチェンジも方向転換もできない。

そして今わたしは、そのための一歩を確実に踏み出したと感じている。

さて、あなたが後半生、この本に登場した方たちのように、自分がやりたいことをするためにパートナーの理解と協力を得たいと思うなら、こういう努力をしておいたほうがいい。それは取材して、わたしがすごく感心し、すごく反省したことでもある。

わたしはパートナーに「こうしてほしい」という要求ばかり強かったから、逆にパートナーの理解と協力を得られなかったけれど、取材させていただいた方で、互いに相手のやりたいことに協力し、サポート体制を組んだカップルには、こういう特徴があった。

本文中にも触れたけれど、ここでもう一度確認しておこう。

①よく話し合っている。

②相手の資質をよく理解している。

③人生のどこかの時期で、相手に対して自分を無にして尽くしている（借りを作ろうというケチな気持ちでなく無垢《むく》な気持ちでしている）。

④経済的な安定はめざすけれど、人生の目的を「経済的安定」に置かない。

⑤結婚生活へのたえざる努力をつづけている。

そうなのだ。いい「卒婚」をするためには「たえざる努力」が必要だ。そして努力する価値があるものなのだと思う。

じっとパートナーを見つめていれば（それがしばしば長い結婚生活でなおざりになるのだが）、パートナーが何を欲しているのか理解できる。自分がどのようにしてあげればいいのかわかり、自ずと結婚のかたちも変えようというふうになるものなのだ。

しかし、わたしたちもそうだけれど、多くの結婚は子育ての繁忙のなかで、互いを見失い、よい結婚生活に必要な「笑い」「ユーモア」「思いやり」を忘れてしまう。

互いに相手のことはよくわかっているという傲慢《ごうまん》さのうえで、パートナーの欠点をあげつらい、要求がましくなり、疲れていたり、苛立《いらだ》っている素顔を平気でさらすようになってしまうものだ。

中高年の夫婦の約半数がパートナーをうとましく感じている。パートナーを大切に思い仲よくしたいという気持ちはうまく噛《か》み合わない。どうしてそうなってしまうのか。気づくと、あたたかみのある会話や思いやりのあるしぐさや言葉が消えて、もはや取り戻せないどころか、パートナーへの恨みがましさだけが募っている。

結婚はじつにじつに難しい。そうそううまくいくものではない。この本に登場するひとも、すべてハッピーというわけではない。それぞれの個性はむしろ年をとるごとに強くなる。自分がどうしても譲れない線は、パートナーにとって許しがたいものだったりもする。互いに強い個性のカップルが我《が》を通せば、どちらかがどちらかの犠牲になるか、不満をかかえたまま生きることになる。

それを避けて、互いに平行線の関係を維持して「相手はそういうひとだ」という広い諦《てい》観《かん》とやさしさで、ぎりぎり平行線の関係を築いているカップルもいる。そういうカップルから、わたしは多く学んだ。その場合、こういう覚悟が必要である。

①自分のフィールドに無理やり相手を引き込まない。

②相手がやりたいことを尊重する。

③パートナーがいなくても身辺自立できる技術を持つ。

④孤独に耐える力を持つ。自分で自分を楽しませる力を持つ。

⑤金銭的なことは互いに了解できる範囲で暮らす。

⑥しかし、パートナーに困ったことが起きたら助ける用意はある。

⑦まわりに「変わっている夫婦」と見られても気にしない。

この覚悟さえあれば、後半生、自分らしく生きることが可能だ。

わたしは取材するとき、「うちはうまくいっていないないですよ。それでもいいですか」と念を押されたカップルや、夫婦の歴史を話すことにためらったり、「まだまだ渦中でどうなるかわからない」と率直に言ってくれた方の話を、より身近に聞いた。そしてそのライフスタイルと覚悟が、ストンと腑《ふ》に落ちることが多かった。

このようにわたしも生きることもできるのだという気持ちにもなった。

ひとはそうそう「自分の築いてきた過去」を捨てることはできない。過去をすっぱり切ることはかっこいいようでも、しがらみをかかえた中高年の大人にはふさわしいとは言えない気もする。その決断は多くのひとを傷つけてしまうし、過去があるから現在の自分がいる、その自分そのものも認められなくなる。

後半生のスタートを切って、これまでとちがうライフスタイルを築くために、これまでの人生を全部切り捨てる必要はない。そんなことも思った、今回の取材だった。

そして後半生でだいじなことは3つある。

高齢社会になった現在、このことはしっかり考えておきたい。

①老親との関係（介護もふくめて）

②経済的なこと（相続もふくめて）

③子どもとの関係（どこまでめんどうを見るか）

超高齢社会では中高年夫婦はいつまでも息子娘であり、いつまでも親でもある。このしがらみにどう対処するか。このごろ思うのだけれど、老親のめんどうはできる範囲で見るという覚悟が潔いと思う。しかし自分たちの生活を犠牲にしてはならないとも思う。その見極めが大切である。子どももどこまでめんどうを見てあげるか線引きが必要だ。

経済的なこともきちんと考えておく必要がある。相続などをあてにしたりしていると、潔い人生の覚悟ができず、足をすくわれることもある。

取材した方々はそういった問題についても考えていたのが印象に残った。ひと言で言えば「お金のことは気にしていて大切にしているが、お金を人生の目的にしていない」という点では共通していた。

これはお金だけではない。老親や子どもに対するスタンスも似ていた。老親や子どもの存在を自分の人生で大切なものと考えて、事実、そのために誠心誠意できるだけのことはしているけれど、親や子どものために生きているわけではない。ある時期、親や子どもにかかりっきりでも、ある時点で自分の人生を生きることにシフトしていた。

しかし、中高年のカップルはまだ第2スタート地点でしかない。まだゆれ動いている。

じっさい、こんなカップルには取材を断られてしまった。

ひと組は、親の介護のいざこざで離婚したけれど、離婚したあとも子どもたちや元夫婦の家族の関係を維持しているというカップルだった。

「やはりそういう関係はけっこう難しいのよ」

話すことをためらうと言われてしまった。

妻山暮らし、夫都心暮らしだったのが、夫がリタイアしてふたりで山暮らしに入ったというカップルにはこう言われてしまった。

「今、別れようかどうしようか話し合っているんです」

ふたたびいっしょに暮らし始めたとき、あんなに幸福そうだったのに、半年もたたずに急転直下のこのありさま。わたしたち世代はまだまだ予断を許さない。

しかし、それもふくめて、みなが自分の人生に果敢に誠実にチャレンジしている姿に、わたしは何度も心底感動を味わった。

よい夫婦でいることは難しい。まして半世紀に及ぶ超長期結婚生活を維持することは並大抵のことではない。それでもまわりと調和が取れた、できればまわりもハッピーになる、よりよい人生を歩みたいと心から思うことができた。

この本はどのように読んでもらえるだろうか。卒婚というイメージが的確に伝わっただろうか。とてもひとりよがりなことを書いたのではないだろうか。そんな不安もある反面わたし自身はこの本を書いて、いろいろな心の中のもやもやが少し晴れた。

子どもの思春期は親の思秋期だと思う。子どもたちに伴走しているつもりが、わたしたち自身の人生の問い直しを迫られたというわけだ。

この本ができあがるためにオレンジページの編集部の沼田かおるさんに多大なお世話になりました。沼田さんのアドバイスと適切な指針がなければ、この本をまとめることはとうていできなかったと思います。

その後、わたしは引っ越して娘たちと3人でいっしょに住み、パートナーがときどき歩いて通ってくる暮らしにした。今は娘たちは結婚して独立し、わたしはひとり暮らしになったが、パートナーとはよく会っている。

２０１４年４月

杉山由美子

本書は『卒婚のススメ』（2004年／オレンジページ）を加筆・修正した
静山社文庫を新たに編集したものです。

杉山由美子（すぎやま・ゆみこ）

1951年静岡県生まれ。早稲田大学第一文学部卒業後、鎌倉書房『マダム』、日経ホーム（現・日経BP社）『日経ウーマン』編集部を経てフリーランスライターになる。85年に長女を、87年に次女を出産。働く女性や子育てのほか、広く教育に関わるテーマで取材・執筆活動を行う。著書に『人生なかばのギアチェンジ』（オレンジページ）、『お子様おけいこごと事情』（岩崎書店）、『与謝野晶子　温泉と歌の旅』（小学館）、『今からはじめる！就職へのレッスン』（ぺりかん社）など多数。

卒婚　―これからの結婚のカタチ

二〇二〇年六月十八日　第一刷発行

著　者　杉山由美子
発行者　松岡佑子
発行所　株式会社 出版芸術社
〒一〇二-〇〇七三
東京都千代田区九段北一-一五-一五　瑞鳥ビル
TEL　〇三-六三八六-一七八六
FAX　〇三-三二六三-〇〇一八
URL　http://www.spng.jp/

カバーデザイン・組版　田中真琴
印刷・製本　中央精版印刷株式会社

ISBN 978-4-88293-530-8 C0095